相澤真一／髙橋かおり／坂本光太／輪湖里奈

音楽で生きる方法

高校生からの音大受験、留学、仕事と将来

青弓社

音楽で生きる方法

高校生からの音大受験、留学、仕事と将来

目次

第3章 受験を決めてから知っておきたいこと 輪湖里奈

第6章 音大後の音大選択――海外留学の理由と事情

髙橋かおり

第7章 演奏家の移動と定住 ——世界を舞台に生きる工夫
高橋かおり

第8章 演奏以外に音楽の仕事を広げる ——研究・教育・社会貢献
高橋かおり

第9章 音大卒業生のその先

輪湖里奈／坂本光太

カバーイラスト――市村ゆり
装丁・本文デザイン――山田信也［ヤマダデザイン室］

はじめに

相澤真一

本書は、「音楽で生きていけるのか？」という問いに、教育や芸術の分析の専門家と実践者の両方の側から答えるために編みました。

本書を手に取った人は、たぶん、音楽や演奏を一生の仕事にしていけたらと願っているのではないでしょうか。もしかしたら、少し不安に駆られているかもしれません。あるいは、すでに音楽を仕事にしている人たちはどうやって暮らしているのだろうか、と関心があるのかもしれません。二〇二〇年は、新型コロナウイルスの感染症によって、音楽の世界も大きく揺れ動きました。世界のさまざまな演奏会、音楽祭や大規模イベントが中止になりました。例年ならばそれぞれの分野で大変な盛り上がりをみせる吹奏楽、合唱、器楽などの多くのコンクールや演奏会も中止になりました。このように急激に演奏機会がなくなっている音楽の世界で生きていこうと考えていることに、無謀だと周囲から言われている人もいるかもしれません。

しかしながら、音楽や芸術が一時の感染症の流行で滅びるものではないことは、これまでの歴史が証明しています。人類が過去の感染症から生き延びて文化を成熟させていくなかで、音楽も発展してきました。今後長い目でみれば、きっと音楽は人々の生活のなかにいろいろな形で戻ってきて、さらに発展すると私は信じています。

そこで、音楽で生きていく人たちの声を集め、音楽家の教育や労働について研究する社会学者二人と職業音楽家二人の知恵を突き合わせて、音楽で生きていくことについて分析し、議論して、結実したのが本書です。

本書には、音楽大学に進学し、現在、音楽家として活躍している人たちの声をたくさん集めています。本書完成までに二十人以上の音楽関係者にインタビュー調査しました[1]。これらの人々は、音楽大学にいま入っている人よりも少し年齢層が上の方々です。卒業後の何年かに留学したり、それ以外のことをしたりしていた方もいます。音楽大学を卒業したあとに、自分はどうなるんだろうという不安は誰しもがあると思います。本書を手に取っている保護者も多いと思います。保護者にとっては、高い学費を払って音楽大学を卒業させたあとはどうなるのだろうか、と不安をおもちの方も多いと思います。本書は、そうした不安を少しでも取り除けるようにと構成しました。

本書は、音楽家を本格的に目指してレッスンを受け始める過程から、音大受験、音大に入学したあとの過ごし方、卒業の迎え方、卒業後の身の振り方、そして、音楽家として仕事を得るまでをそれぞれのライフステージごとに小さな章とアドバイスにまとめてあります。最初から読むほうが流れを把握しやすいです。一方、それぞれいま悩んでいるところをすぐ開いてみると、悩みに応えるヒントもあるでしょう。

本書は専門も立場も違う四人で書いていますので、意見の相違もたくさんあります。しかしながら、全体の方向性については、不思議と意見が一致することが多いのです。「自分の目指すものを考えて、頭を使って練習すること」や「目標に向かってがんばりながらも常に視野を広くもつこと」など、一般的な心構えとしては、むしろ専門を超えて共通する点が多くあると感じています。そういう専門を超えたサバイバルのノウハウを伝えるテキストとして仕上がっていると、四人の筆者は考えています。

本書の執筆者たちに話が及んだので、少し私たちのことを紹介いたしましょう。

この「はじめに」を書いている私・相澤真一は、大学で教育社会学という学問を専門に研究し教育に携わるかたわら、吹奏楽部でサクソフォンの演奏を中学・高校・大学と続けてきて、二〇二〇年まで市民楽団で演奏活動を続けてきました。私の専門の教育社会学というのは、教育と社会の関係に注目する学問です。一言でいえば、「あなたが受けた教育は人生や社会にどう役立っているか」を研究している学問です。この学問分野に入ったころから、私は、音楽を学んで職業にしていく通過点に位置する音楽大学にずっと関心をもってきました。また、一六年に一年間ドイツのベルリンに住んでいたことがあり、そこでたくさんの音楽家に出会いました。コンサート会場などで、日本の音大を卒業したばかりくらいの若者たちと出会い、彼女／彼らとたくさんの会話を交わしてきました。そのなかで、音楽家としてやっていくために、どういう心持ちで普段から練習をし、実際にレッスンに臨み、どうやって自分なりのキャリアを築いていくのか、一人ひとりがまさに人生を背負って考え抜いている姿をたくさん見せてもらいました。そういう彼らのがんばっている姿を見ていて、研究の世界の知見を生かしながら、彼らに少しでもキャリアにつながるような言葉をかけられるようになろうと考えてきました。そのアドバイスを詰め込んだのが本書です。

私のほかの三人は、大学で学問研究の世界にいる人と演奏の世界にいる人、そして、その両方の世界を日々横断している人たちです。大学の研究の世界からは、髙橋かおりさんに書いてもらっています。髙橋さんは、本人も演劇の世界に関わりながら、芸術の世界でのアマチュアとプロの境界線をずっと研究しています。本書を手に取っている人のなかでも、「プロになりたい」と思っている人は少なからずいるでしょう。でも、そもそも「プロ」とは何かと言って、なかなか答えが出てこないかもしれません。髙橋さんはさまざまな世界でのアマチュアとプロの境界線をテーマにしたインタビュー調査を数多くおこなっていて、今回もたくさんのインタビューを企画してくれました。きっと、みなさんの心にも響くようなインタビューが髙橋さんの文章のなかにあるでしょう。

このほかに、音楽や演奏に実際に携わっている二人に協力してもらっています。一人は、坂本光太さんで、国立音楽大学の大学院に所属して研究と演奏活動の両方に携わっています。専門の楽器はチューバで、研究テーマは社会問題を取り扱った現代音楽です。坂本さんは、ベルリンの音楽大学の修士課程を卒業していて、この修士課程在籍中に私と知り合いました。もう一人は、輪湖里奈さんです。輪湖さんは、メゾソプラノの歌手です。東京芸術大学大学院を卒業したあとベルリンに短期留学したころに、私と知り合いました。坂本さんと輪湖さんは東京芸術大学でともに学部を過ごしていて、当時から知り合いだったこともあり、二人からは実践者の観点から忌憚のないさまざまなコメントをもらっています。

本書が音楽の道を考えている人々に少しでも助けとなることを心から祈っています。

本書の読み方

本書は、高校生が読むことをイメージして書いています。でも、きっと、自分の進路に強い関心をもっている中学生にも読めると思います。私は大学受験生のころ、大学受験のハウツーものの本を読むのが好きだったのですが、そのときにどんなことが、どんな文体で書いてあったかを思い出したり、見返したりしながら執筆しています。もちろん、音楽の道に進み始めた音大生あるいは音楽の道に関心がある人、さらには子どもが音楽の道に進みたいと切り出した際にどう答えたらいいのか困っている親にも役に立てるようにという思いで書きました。

本書は、基本的には、音楽の道に進んでいくうえで起こりうるイベントを時系列で並べています。しかしながら、必ずしも最初から読む必要はありません。むしろ、みなさんの関心があるところから読んでみてください。特に、最後の坂本さんが執筆した第10章「演奏家の健康について」で書いてあることは、楽器を始めて間もなく直面することもありますし、長く続けていて直面することもありますので、気になったときにいつでも読むといいでしょう。

そして、もし、いま、本書を読んでいるのが書店や図書館で、書いてあることが役に立つと感じるならば、ぜひ自分で買って読んでください。というのも、本書のような進路のアドバイスを書いた書籍は、一度読んでおしまいになるのではなく、むしろ、ときどき見返すことで、そのアドバイスの含意を思い出すことが多いからです。特に、坂本さんの健康に関する章や、輪湖さんが執筆した受験へのアドバイスは、何度となく読み返す意義があるものです。

研究者が本を書く際に注意しなければならない点は、情報の典拠をきちんと示すことです。本書も、専門的な議論とつながっていることを示すために、必要な箇所に小さな番号を振って「注」をつけています。この注は、私たちが書いたことについて、どのような情報が根拠にあるのかを示しています。研究者とは、このような注を丁寧につけて議論することによって、書いているものが「パクリ」（剽窃）ではなく、「巨人の肩の上に乗る」(2)引用をふまえて、自分たちの研究を一歩一歩進めている職業です。だから、本書を読む際に、いちいち注をチェックする必要はありません。しかし、もし本書に書いてあることについて、「どうしてそういう考えになるのだろうか」あるいは「どこにこのことが書いてあるのだろうか」という疑問をもったら、そこに注があれば、その先にある情報を得ることができます。関心をもったら、そのような注にも目を通してください。

話を聞いた人の一覧と調査方法

音楽の本には、著名な人にインタビューしたものがしばしばあります。本書は、著名人よりは、音楽の道を目指すという点では二十歳代半ばから後半まで歩んできたことを共通点として、しかも仮名で取り上げることによって、現代社会のなかで生きる音楽家の共通性を紹介していきます。

本章で用いたインタビューは二〇一七年八月から十二月、一八年三月、一九年八月から九月、十二月、二〇年一月に実施(3)しました。場所は、東京都、ベルリンと周辺都市（ドイツ）、北欧の二つの地方都市です。プライバシーの観点から場所と日時の詳細は記載していません。インタビューは原則として相澤と髙橋の二人で実施していますが、スケジュールの都合でどちらか一人だけで実施した場合もあります。インタビュー時間は平均一時間半程度です。会話は録音し、内容の公開に際しては文字に起こしたものを確認してもらっています。本書に登場する音楽家の一覧は表1のとおりです。

表1●本書に登場する音楽家一覧

仮名	専門	当時の年代	性別
有田さん	ヴァイオリン	20代	男性
西本さん	ヴァイオリン	20代	女性
藤田さん	ヴァイオリン	20代	女性
神崎さん	ヴァイオリン	30代	女性
薹池さん	ヴァイオリン	40代	女性
桜井さん	チューバ	20代	男性
児玉さん	チューバ	30代	男性
矢代さん	トロンボーン	20代	男性
須藤さん	ピアノ	20代	女性
茂木さん	作曲	30代	女性
別府さん	指揮	20代	男性
堂本さん	指揮	20代	男性
柴野さん	指揮	30代	男性
角谷さん	指揮	30代	男性
福山さん	声楽	20代	男性
細田さん	打楽器	20代	女性
曾根さん	打楽器	20代	女性
太田さん	打楽器	20代	男性
栗山さん	打楽器	30代	男性

（髙橋かおり作成）

このように、数多くの音楽家の協力を得て本書は成り立っています。
それでは、これらの音楽家たちが音楽を始めたころからみていきましょう。

注

（1）研究の匿名性から名前は挙げませんが、長時間のインタビューに応じてくださった音楽家のみなさんに心からのお礼を申し上げます。ありがとうございます。インタビューにあたっては、中京大学特定研究助成と日本学術振興会科研費補助事業（課題番号19K21731）の助成を受けています。また、全体のゲラのチェックをおこなってくれた池田大輝氏（上智大学）に記して感謝を申し上げます。

（2）研究者用「Google」の「Google Scholar」のウェブサイトに書いてある言葉です。ただし、この言葉の原典には諸説ありますが、本書から話がそれますので割愛します（https://scholar.google.co.jp/）［二〇二〇年一月十三日アクセス］。

（3）調査協力者は、ベルリンと北欧の都市を拠点にして知り合いの音楽家たちからさらに知り合いをたどる機縁式で募りました。そのため、質問紙を使った量的調査のように偏りがない人々（サンプル）ではありません。特に、卒業後に音楽を続け、また、何らかの形でヨーロッパに渡った経験がある点で、ある種の傾向や特性がある人たちであることはご了解ください。

第1章

音楽を本格的にやりたくなったら考え始めること

相澤真一

メッセージ

多くの人にとって、音楽の道は厳しい。音楽の道に進むことを決心したら、あなた自身で道を拓くつもりで能動的に物事を調べて、自分に合った先生のもとで着実に、頭を使って、練習を積み重ねていこう。

本章を開いたあなたは、いま、どんなことを考えているでしょうか。音楽を本格的に勉強したい、できれば音楽家として生活したい、そのようなことを考えているかもしれません。それとも単純に、ほかの進路ではなく、音楽にはどんな進路があるのかを考え始めているのかもしれません。

まず、先に知っておいてほしいことがあります。音楽を仕事にすることは、あなたが将来「普通に」就職しようと思うほとんどの仕事よりも、難しいかもしれません。難しいと断言できないのは、あなたに音楽について飛び抜けた才能がある場合、音楽のほうが向いている可能性があるからです。でも、大部分の普通の人にとっては、そのままレールに乗ると就職できる道がいまの日本では用意されています。おそらくいまの中学生や高校生が高校や大学を卒業するころでも、「普通に」就職する道はそれほど小さくなってはいないでしょう。普通の人の就職と音楽を志す人たちの就職がどう違うかについては、もう少し先で詳しく取り扱いますが、ほかの人と違う厳しさがある道だということは最初に頭に入れておいてください。もちろん、将来的にはプロにならないにしても、ある時期まで、本格的に音楽を勉強するということはありうると思います。そういう人たちに向けても、本章を書いています。

本章では、音楽を本格的に始めようと思ったときにはどうすればいいだろうか、ということを考えます。具体的には二つのことをしてほしいと思います。一つ目には、親あるいはあなたの進学費用を出してくれている人のところに、その意思を伝えにいきましょう。二つ目には、音楽家になる道を知っている人のところにレッスンに通いながら、音楽家になるにあたって必要なことを学んでいきましょう(1)。

1

ピアノとヴァイオリンのソリストへの道は特別

本章に本格的に入る前に、先にお断わりしておかなくてはならないことがあります。本章の内容は、ピアノとヴァイオリンのソリストとして活動しようとしている人たちには当てはまらないかもしれません。というのも、この二つの楽器については、みなさん自身が音楽を本格的にやりたいと考え始めたころには、すでにレッスンに通い、実際に職業とするのに必要かつ本格的なレッスンに通っている人が相当数いるからです。私たちもこの二つの楽器については、「三歳から始めた」「小学校のころからコンクールを受けていた」という話を数多く聞きました。厳しく聞こえるかもしれませんが、この二つの楽器については、ソリストとしてみなさんが自分で進路を選びたいと考える前に、日本中、世界中でその水準で競っている人々(2)がいます。もちろん、この二つの楽器でも、伴奏やアンサンブル、教育などソリスト以外の仕事にしていくことを考えている人もいると思います。本章、ひいては本書はそういうソリスト以外の進路を考える人たちに向けても書いています。

ピアノとヴァイオリン以外でいえば、本格的に音楽の道を始めようとする際に、レッスンに通い始めることが多いでしょう。「それでは遅すぎないか」と思う人もいるかもしれませんが、大丈夫です。ピアノとヴァイオリン以外の人はそのタイミングでレッスンに通い始める人が多くいますし、実際、そういう人たちで、オーケストラの奏者になったり仕事にしたりしている人を多数見ています。

2 どのような先生を、どのようにして探すべきか

これは本書全体のテーマにも関わりますが、同じレッスンを受けていても、そこで一回一回のレッスンをどう受けていくか、その小さな積み重ねが五年十年たつととてつもなく大きな差に変わっていることは、最初から十分に理解しておいてください。大事なことなので、もう一度言います。一回一回のレッスンをどう受けていくか、その小さな積み重ねが五年十年たつととてつもなく大きな差に変わります。

レッスンを始めるにあたり、どういう先生に、どういうふうにつくべきでしょうか。さまざまな音楽家に話を聞いて私なりにまとめると、次のようになります。

①音楽家としてのあり方が尊敬できる先生
②あなたが音楽を仕事にしていく道を言語化できる先生
③あなたの問題点を明確に指摘できる先生
④そして何よりも重要なことは、あなた自身で情報を集めて、あなた自身で習いたいと感じた先生

先生を探す際、インターネットを参考にすることも多いと思いますが、インターネット上に書いてあることを自分で判断する力を身につけてください。

②と④が、先ほど述べたピアノ、ヴァイオリンのソリストの道と異なる点です。ピアノとヴァイオリンは、多くの人たちが小さいころから習い始め、小学校低学年からすでに、音楽家になるのに必要なレッスンをこなし始めています。あなたが本格的に学びたいと思う前に、そのレールに乗せられているかどうかのほうが重要です。一方で、中学生あるいは高校生から音楽家になろうと考えている場合には、レッスンを受ける、音楽大学を受験する、その後のキャリアを切り拓いていくにあたって、先達の経験もありますが、多くは自分で道を切り拓いていくことが迫られます。

みなさんのなかには、音楽教室に通っている人もいるでしょう。かくいう私も四十歳近くになって始めたコントラバスは名古屋の音楽教室で始め、いまは東京の音楽教室に通っています。音楽教室は、全くの初心者が楽器を演奏できるようになる場所としては、とても優れていると感じます。

月謝制で年間のレッスン回数も決まっているので継続しやすいですし、楽器や部屋の設備も整ったところが多いです。音楽教室のなかにも、音大受験に向けたコースを充実させているところもありますので、もし、教え方が自分に合っていて、かつ、自分の志望校に向けた内容が学べると判断できるならば、音楽教室を最大限活用するのもいいと思います。

しかし、音楽教室の多くは、広く多くの人たちに入り口を開くことに力点があるために、多くの人たちは、音楽大学を目指すにあたって、本格的に習う先生を探すようです。では、どうやって先生を探すのでしょうか。いまの時代は、インターネットで探すことが多いと思います。多くのしかも有名な音楽家がネット上に情報を発信していて、レッスン情報などにアクセスできるようになりました。インターネットには、さまざまな演奏家についてのいろいろな情報がありますが、最終判断は自分でおこなうことが大切です。本当に学びたいと思う先生の演奏は、多少無理をしてでも生で聴きにいきましょう。

3 どうやってレッスンに通い始めるか

インタビューに応じてくれた音楽家で、中学生あるいは高校一年生でレッスンに通い始めた人たちは、次のように話しています。例えば、打楽器でヨーロッパのオーケストラで活躍する栗山さんは次のように語ります。栗山さんは、仕事としてティンパニ奏者を目指したいと中学一年生のころに思い立っていたことを話しています。

中学一年生のころ、吹奏楽部に入っていたときに、かなり早い段階で「ああ、これを仕事にしたいな」「ティンパニ奏者になりたいな」と思ったんです。それを思いついた当初は、オーケストラに入る人というのはどの楽器でも、小さいときから英才教育を受けていると思い込んでいました。自分は十三歳だから、いまからやっても間に合わないかなあと思っていました。ところが、偶然、母親が誰かプロの打楽器奏者から聞いて、ヴァイオリンなどと違ってパーカッションはみんな遅く始めるものだと知りました。（栗山さん）

そこで、栗山さんは、楽器メーカーが主催するミュージックキャンプに二年生から参加し始めます。しかし、二年生のときは切り出せず、三年生でもう一度行ったときにレッスンを先生にお願いします。

中学三年生のときに（中学二年生に続いて）二回目の（ミュージック・）キャンプに参加して、「弟子にしてください」と言いました。すると最初は先生から断られました。「中学三年生の若さでおれの弟子になったやつはいない。まだ早い」と言われました。「いや、でも僕は絶対プロになりたい。いま始めたいからお願いします」ってゴリ押しした。次第に先生も根負けして、「じゃあ、弟子になるというよりは、人生勉強としてときどき遊びにきなさい」という感

じで先生のお宅にうかがえることになったんです。（栗山さん）

トロンボーン専攻を経て現在は指揮と現代音楽を専攻するものの、当初、ユーフォニアムのレッスンに通い始めた別府さんもレッスンに通い始めたきっかけについて、次のように振り返って語っています。別府さんは、中学受験をして、その地域ではかなり勉強ができる人たちが集まる中学校に合格しました。ですが、最初の定期テストが終わったときに「あ、自分はべつに、この学校では頭のいいほうではない（笑）」と悟ったそうです。そこで何ができるのかと思ったときに、音楽を本気でやりたいと考えたのだそうです。そのころから音楽大学を受けたいと考えた別府さんは、中学一年生の十二月くらいから東京芸術大学の入試要項を見始めて、必要な勉強が何かを考えて、まずピアノのレッスンを本格的に始めました。そこから、自分が習いたい楽器の専門の先生につながりを得て、弟子入りをお願いしたところ、こういうふうに先生が話したそうです。

いまも覚えてるんですけれども、W先生っていうのはほんとに賢い人で。「中学一年生、しかもそういう中学校に行っていて、それを捨てちゃいけない。だから、音楽高校に行こうとか、そういうことを考えずに、しっかりいまの中学校で、いっぱいいろんなことを勉強しなさい。それで、中学三年生、っていうのは、君はまだ、かなりいっぱいいろんなこと考えている、真剣に考えてるけど子どもだから、中学三年生のときに、もうちょっと、冷静にいろいろ考えて、それでも専門的にユーフォをやりたいんだったら、高校一年生からレッスンにきなさい。ちょっと音も聴いてもらって。高校一年生からきなさい」と言われ、それで高校一年生からレッスンに行きました。

（別府さん）

栗山さんと別府さんは首都圏の出身なので、レッスンを受ける環境に比較的アクセスしやすかったことは確かです。一方で、本州以外に住んでいて、決してアクセスがよくなかったものの、中学時代からトロンボーンを専門的にやっていきたいと考えていた矢代さんは、次のインタビューのように、東京芸大の過去問題集を中学時代から読んでいたと話しています。

相澤：中学くらいからそういう意味で、音楽をやりたいなというイメージがあって。
矢代さん：そうですね。中学生のときから、僕、芸大の赤本読んでました。
相澤・髙橋：オォ～！
矢代さん：（笑）毎年買って読んでました。
相澤：じゃあもうその時点で、楽典とか勉強しなくちゃなとかそういう。
矢代さん：そうですね、はい、もう、だいたいイメージはついてて、はい。で芸大入るためにこれが必要あれが必要っていうのは、だいたいわかってました。中学生くらいのときから、はい。

実は、その後の経緯もふまえると、矢代さんは、必ずしも順調ではなかったものの、第一志望校だった東京芸術大学に入学しています。この三人の話からわかるように、音楽を仕事にしたいと思ったら、その道は自分で切り拓いていくという覚悟がしばしば必要になります。

4

中学・高校時代にレッスンをどうやって受けるか

本格的に音楽を始める際に師事する先生とは、相当長い関係になります。一生、師匠―弟子の関係を続ける可能性もあるでしょう。レッスンの受け方と練習の進め方を知るうえで、ぜひお薦めしたい本があります。

心理学者のアンダース・エリクソンと著述家のロバート・プールの共著『超一流になるのは才能か努力か？[3]』です。この本では、「絶対音感は生まれつきのものか」というエピソードから、音楽の能力を身につけるのが才能か努力か、について議論しています。結論からいえば、この本は、努力、しかもそれは考える練習、うまくなる練習としての「限界的練習」が鍵である、と述べています。

例えば、超一流のヴァイオリニストとそうでない人たちの間で、練習時間が大きく違うことを示したうえで、「学習者の現在の能力に基づき、現在のレベルを少しだけ超えられるように設計されている[4]」と定義された限界的練習によって技量を伸ばすことができる、と書いてあります。また、このような限界的練習は、「学習者のコンフォート・ゾーンの外側で、常に現在の能力をわずかに上回る課題に挑戦し続けることを求める。このため限界に近い努力が求められ、一般的に楽しくはない[5]」と述べています。

今回インタビューした音楽家で何かしら突き抜けた結果を出している人には、この「限界的練習」を、音楽家として求められる水準まで何らかの形でクリアしてきたことが感じられました。先に例外と書いたヴァイオリンやピアノのソリストで活躍するような人たちには、小さいころからすでにこのような練習が体に染み込んでいることがよくわかります。現在、ヨーロッパのオーケストラで首席奏者をしている神崎さんは、母親のことを「ステージママじゃないですけれど（笑）、厳しかったです」と話しながら、次のようなエピソードを語ってくれました。

ちょうどこの間、四歳ぐらいからの幼なじみの親友に会ったんです。当時、彼女が、私の家に遊びに行くと、いつも、しばらく遊んだあとに「練習の時間だよ」とお母さんに練習部屋に連れて行かれて、少しの間、友達はほかの子と遊んで待っていました。そうしたらそのうち泣き声なんかも聞こえて、「あれ、また神崎ちゃん、お母さんに怒られて泣いてるのかな？」と話しながら心配していたら、またそのうちに「休憩だから遊んでいいよ」って私が遊びに戻ってきたそうです。そのときはつらいとか意識してなかったので、言われるまで全く覚えてなくてびっくりしましたが、それがもはや私と友達にとっての日常だったんですね。（神崎さん）

現在、ヨーロッパのオーケストラやソリストで活動するヴァイオリニストの西本さんは、多数の有名な音楽家を輩出する先生に初心者のころからヴァイオリンを習って、とにかく先生が怖かったと話しています。

いつも先生に怒られていて。「練習した？」って言われて。したけど「した」って言えない空気、みたいのもあるので。いま思えば先生は下手な子は知らないんです。だから、小学二年生のときに破門されかけたんですけど。二年生のとき、いま思えば絶対二年生くらいとしてはちゃんと弾けていたのに、先生は下手な子を知らないから小学五年生くらいと比べられてて。だから「全然君練習していないでしょ」ってすごい怒られちゃって。
（西本さん）

ヴァイオリンやピアノのソリストが小さいころから練習を始めないと難しいというのは、このように、小さいころからクリアすべき課題を親と先生と三人四脚でクリアしてきている人たちがたくさんいるからです。

ほかの楽器の場合は、先ほどの栗山さんの話のように、少し年齢が高くなってから始めても、自分なりに情報を集めて、自分の練習の仕方を見いだし、道を切り拓いていく人たちも多くいます。栗山さんは、自分の志望校を高校一年生のときに決めて、先生を替えました。そこでのレッスンから受験までの経緯を次のように語ります。

栗山さん：Y先生の奏法はドイツの伝統に根ざされていて、レッスンではその基礎を生徒にたたき込む先生でした。クラシック音楽の打楽器はこうあるべきだと。それが僕にはとても魅力的でした。Y先生に師事する前にX先生に教わったバチの持ち方なども細かく直され、自信を失いました。リズムの感覚も「違う。そうじゃない」と詳細に指摘を受けました。X先生のときはアメリカの教本を演奏していましたが、Y先生のところではドイツの教本を学びました。ドイツの教本って地味なんですよ。教本の最初のほうの四分音符のたたき方から始まり、徹底的にレッスンを受けました。

相澤：それで全部、一から直されたんですね。それで高一の終わりから受験は間に合ったんですか？

栗山さん：それは全く問題ないです。高一というのは先生に師事するのは、打楽器の世界ではまだ少し早いぐらいですからね。

もう一人、先に見たように、頼み込んで高校一年からレッスンをお願いした別府さんの例もみてみましょう。

頻度はだいたい月一。……まあ月一でしたね。だいたい一時間半なんですけれども、レッスンが。最初の三十分ぐらいはお茶なんですよ。(略)ユーフォというものを専門にして生きていくには、どういうふうにすればいいのかとか。音楽というものをやって、例えば吹奏楽とか、ま、そういうものを、仕事にしていくのには、どういうふうなものを専門にしていけばいいのか、どういうふうになれば人の役に立つのか、みたいなことを、三十分くらいお話しして。話を聞く、じゃなくて、ちゃんとお話しして。それからのレッスンでしたね。

しかも、すごいのは音楽作品はやらなかったんですよ。要は、ソロ曲とかを勉強するのではなくて、本当に、どうやればユーフォの音が、いい音がするのかとか。正味二年くらい通ったんですけれども、その間で終わらせたのが『アーバン金管教本』〔どの金管楽器を専門的に学ぶ人にも定評がある教本〕の一巻ほぼ全部と。入試に必要な二、三曲。そこまでは二年で終える、そういう感じでしたね。でも練習していかなかったりすると怖かったですね。周りの、同門の生徒たちは本当に怖がっていましたね。（別府さん）

ここで別府さんはきわめて和やかにレッスンを受けているように見えますが、重要なのは、最後の「でも練習していかなかったりすると怖かったですね」という点です。別府さんは、自分のことを「自分が納得したことしかしない子」だったと話していて、自分なりに納得がいく練習を積んでレッスンに臨んでいたようです。それがこの先生と波長が合い、結果、和やかなレッスンにつながったのでしょうが、練習を積んでいかないと、本当に「怖かった」ようです。

音楽の専門家を目指すレッスンは、一対一での非常に密な機会です。ここで学び取る機会は、大切にしましょう。武蔵野音楽大学の職員が執筆した『「音大卒」の戦い方』(6)でも、レッスンを通じて培われた、相手の言うことを理解したり、目上の人の前で表現したりすることで養われるコミュニケーションの力は、別の世界に行っても大いに役に立つ、と書いてあります。[7] 一方で、どうしても替えたくなったら、替えるという選択肢がある先生のほうがいいと思います。[8] また、本格的に志望校を決めた段階で先生を替えるというのは、この世界ではきわめてよくあることのようです。

別府さんのインタビューに出てきたように、「同門の生徒たち」との関係も、音楽を仕事にしていくうえでは、いろいろに影響していくことがあります。音楽の世界には、いまでも「門下」という言葉が生きています。あなたがある先生に本格的に習い始めることは「入門」であり、「門下」に入ることを意味します。ダメで追い出されることは「破門」といわれます。本書の第4章「音大に進学したらどうやって学ぶか」（相澤真一）で、音大に入ってから、あるいは、第5章「卒業後、どうする？」（相澤真一）以降でも、コンクールを受けたり仕事を得たりするなかで仲間たちのことにふれているように、音楽の世界では「同門の仲間」が関わることはしばしばあります。レッスンの受け方の詳細については、ぜひ実践家の輪湖里奈さんの第2章「How to 音大受験」も参照してください。

5 専門の選択は慎重に

もう一つ、とても大事なことがあります。どの楽器やどのジャンルを専門にするかは、相性や運命的な出会いもあるかもしれませんが、きわめて慎重に考えてください。実のところ、オーケストラに定席がなく、演奏頻度が低い楽器の場合は、披露する機会が非常に少ないので、たとえあなたが世界で屈指の奏者になれたとしても、あなたがその楽器を仕事にしていくことはきわめて難しいでしょう。例えば、同じサイズのマウスピースで音を奏でるトロンボーンとユーフォニウムでは、同じ程度の技量をもっていたとしても存在する仕事の数は全く違います。

ユーフォニウムを勉強していた別府さんは、次のように話しています。

相澤：ユーフォってそもそもめちゃめちゃ仕事がない楽器じゃないですか。おそらく最もない楽器ですよね。ということについて先生は言ったんですか？

別府さん：言ってましたね。言ってましたし、要は、団体に就職ができて、演奏だけで月給が出てっていうところは三つくらいしかないよっておっしゃっていました。（略）「文部科学省の日本の大学教育に関する考え方というのは、勉強を、この分野について勉強したいという人がいれば、その分野に関しては大学を選ばなければ勉強させてくれる。だけど出たあとに、それが仕事に生きるかどうかは別の話だよ」という話を先生がなさったのは、すごく自分のなかには残っていますね。

このように、本当にいい演奏家になったとしても、根本的に仕事がない楽器は存在します。この先生の話にもあるように、勉強したければ、専門として勉強することができる楽器として存在するものの、その後、それが仕事に生きるかどうかは別の話です。

この点で、歴史が浅い楽器もしばしば不利なことがあります。歴史が浅い楽器は、そもそも作品の歴史が積み重ねられていないので、その楽器独自のレパートリーが限られてきます。私が趣味で吹いているサクソフォンは、十九世紀にベルギーのアドルフ・サックスが発明したことが、出願された特許として残っている楽器です。そのため、サクソフォンのために書かれた曲は残念ながら二百年ほどに限られ、オーケストラにも依頼がないかぎり、吹ける機会はありません。一方、ファゴットは、オーケストラに欠かせない楽器であり、プロでもアマでも、オーケストラで吹くことを目指して、ほかの楽器から替えた人がそれなりの数で存在します。

どの専門がどこでどういう仕事があるかは、国や社会によって大きく変わってきます。例えば、日本は、全国いたるところに吹奏楽部があり、吹奏楽が盛んです。日本やアメリカならば、吹奏楽指導を専門にした仕事が成り立つでしょう。逆に、オペラを専門にしたければ、歌劇場が発達した国やオペラの音楽祭が定期的に催される国、例えばドイツなどが圧倒的に有利です[9]。ミュージカルは、最近では東京でもかなりの公演がおこなわれていますが、毎日、複数の劇場で多数のロングランの公演がおこなわれるニューヨークとロンドンにはかないません。ニューヨークやロンドンのミュージカルのプログラムを開くとわかりますが、こういう国々にはミュージカルのキャストとして専門的な訓練を積む教育機関が存在します。

このように、人が少ないけれどもパイオニアになりやすい分野と、すでにその専門を仕事にするための教育から職業へのルートが存在する分野があります。たとえ仕事にする方法が少なかったとしても、あなたがパイオニアとなってできることもあるかもしれません。しかしながら、その道の難しさは、楽器によって、また選ぶ専門によって大きく異なることは頭のどこかに入れておくのがいいでしょう。

6 大都市の強み／地方の強み

複数の音大がある都市に行くのに二時間以上かかる場所に住んでいたら、あなたは地方に住んでいると言えるでしょう。「複数の」には理由があります。地方都市にも、音楽を専門的に学べる大学や専門学校があるところもあります。しかしながら、複数の音楽大学が存在し、一定数以上の音楽家がコミュニティーを作っている東京圏、関西圏、名古屋圏の三つとそれ以外（これを「地方」と総称します）とでは、音楽を続けていく環境は大きく異なると考えていいでしょう。

複数の音楽大学が存在し、一定数以上の音楽家がいる三大都市圏の強みは、何といっても、選択肢と情報量の多さです。特に、東京は世界中の音楽家が集まる都市です。例えば、二〇一九年十一月には、一週間ちょっとの間に、ウィーン・フィルハーモニー管弦楽団、ベルリン・フィルハーモニー管弦楽団、アムステルダム・コンセルトヘボウ管弦楽団の三つのオーケストラが立て続けに演奏会を開催しました。それぞれの本拠地に住んでいても、この三つのオーケストラの演奏を同じ都市のホールで一週間ちょっとで聴けることはきわめてまれです。逆にいえば、そのくらいの世界の音楽文化の粋が東京には集まっています。

あなたが音楽を仕事にして活動していく際には、出身地はどこなのかということが必ずつきまといます。もし、出身地と離れて自由に活動したかったら、卒業後に活動できるくらいの規模の都市で音楽を専攻しましょう。

逆に、実家から音楽大学に通える、実家で練習できる、実家の近くで音楽活動ができる、さらには、卒業後に実家に居させてもらえるということは、あなたが音楽を仕事にしていくうえでどれも大きなアドバンテージになっていきます。もし、地元とつながる音楽家になりたいと思うならば、いまのうちから、地元の音楽団体や親との関係を大事にしましょう。特に、地方では、良くも悪くも音楽を仕事にしている人の数が首都圏より少ないのです。そのため、あなたがその地域の音楽文化のパイオニアになれた場合、あなたがその地域の音楽関係の仕事をいちばん最初に獲得することができます。

今回、インタビューしたなかで、のちにウィーンやベルリンのような都市の有名な音楽ホールで指揮をした人が、地元の新聞の紙面を飾りました。このようなことは、大都市圏ではなかなかありえません。この人がその後、地元での知名度を上げたことはいうまでもなく、地元での仕事にも大いに役立っているようです。故事成語に、大きな組織についていくよりも、小さな組織のトップでいるほうがいいという意味で、「鶏口となるも牛後となるなかれ」があります。地方出身者はこの点で、地元で知られる存在になるというところをキャリアの一部とする傾向がしばしば見られます。

7 音楽大学を選ぶ

高校生になると、一般の大学を受験するか、音楽大学を受験するかを選択する必要が出てきます。音楽大学への受験は、あなたが日本の音楽の世界で、どういう音楽家としての位置を占めるかの最初の一歩を決めるものです。私たちが会ってきた音楽家にとっても、どこの大学を出て、どういうネットワークを築くかが、音楽家の最初の一歩として重要な選択になっています。

音楽大学の選び方の専門的なポイントは、実際に、音楽大学を卒業した輪湖さんによる第2章「How to 音大受験」に譲ります。ここでは、外部の研究者あるいは大学教員としての一般的な指摘にとどめます。

音楽大学は、基本的に先生で選んだほうがいいです。音楽の世界は、一般の受験勉強の世界ほど明確な偏差値がありません。何も知らずに東京芸術大学を目指したいという人も数多くいます。もちろん、学費の問題もあって、国公立にいきたいという希望もあるでしょうが、それならば、ほかの公立の音楽大学を視野に入れてもいいかもしれません。つきたい先生や習いたい奏法、目指したい音楽家のあり方を体現している先生を選んだほうが、厳しい道のなかでも続けていきやすいと思います。

しかし、ここが要注意のポイントです。実は、大学業界は意外と人の異動が多い世界(10)です。特に、つきたい先生のポストが非常勤講師（音楽大学の場合は、「講師」としか書いていない場合も数多くあります）、あるいは特任教授／特任准教授の場合、一年あるいは数年単位での時限付きの契約なので、その先生はあなたが入学したとき、あるいは卒業するまでにいなくなる可能性もあります。その点は、できれば先生から直接確認するようにしてください。ただし、異動に関する情報は最後の最後まで秘密なのがこの業界の慣行ですので、「いる」というのも「いなくなる」というのも絶対ではないと思っていてください。

学費が安いから国公立の大学を選ぶというのは、勧める点も勧められない点もあります。大学で働いてみるとわかりますが、職場環境としては概して私立大学のほうがいいことが多いので、現在、日本の大学では、多くの先生が私立に移っています。一方で、少人数教育ができる点などから国公立の大学に残る先生ももちろんたくさんいます。

なお、特に地方の進学校だと、学校の進路指導の先生が強く国公立大学受験を勧める風潮が現在も残っています。インタビューでも、音楽科以外で、地方の高校の出身者たちは、ほぼ一様に、本人たちの希望はさておき、とりあえず国公立大学を受けさせようとする進路指導経験があったと述べています。インタビューで聞くかぎり、そのような進路指導は、当事者にとっては高校にネガティブな印象を残すだけなので、生徒の希望を汲んでほしいと願うばかりですが、高校の先生方も立場上言わないといけない実情も知っている身からすると、折り合うのはなかなか難しいのだろうとも感じます。

第2章と第3章「受験を決めてから知っておきたいこと」（輪湖里奈）では、音大受験生へのレッスンも多数引き受けている輪湖さんが、実践家として具体的な受験に向けた準備の仕方を説明しています。

注

(1) 本章は以下を大幅に改稿したものである。相澤真一「職業芸術家はいかに専門技能を身につけるか——海外在住芸術家のキャリア形成の教育社会学的分析」、現代社会学部紀要編集委員会編「中京大学現代社会学部紀要」第十二巻第一号、中京大学現代社会学部、二〇一八年、一八三—二二四ページ

(2) 世界レベルでソリストを目指す人について社会学から分析した研究として、吉原真里『「アジア人」はいかにしてクラシック音楽家になったのか?——人種・ジェンダー・文化資本』(アルテスパブリッシング、二〇一三年)があります。

(3) アンダース・エリクソン/ロバート・プール『超一流になるのは才能か努力か?』土方奈美訳、文藝春秋、二〇一六年 (Anders Ericsson and Robert Pool, *Peak: Secrets from the new science of expertise*, Houghton Mifflin Harcourt, 2016.)

(4) 同書一四二ページ

(5) 同書一四三ページ

(6) 大内孝夫『「音大卒」の戦い方』ヤマハミュージックメディア、二〇一六年

(7) 同書五二—五三ページ

(8) 世の中にはびこる数多くの「いじめ」や「ハラスメント」は、退路がないために起きることがしばしば専門的に解明されています。例えば、内藤朝雄『いじめの社会理論——その生態学的秩序の生成と解体』(柏書房、二〇〇一年)。

（9）私たちのドイツでの調査でも、オペラ歌手を目指す福山さんや劇場付のピアニストを目指す須藤さんなどが、公立劇場が充実していることを理由に、ドイツに滞在していることを話しています。

（10）身近な例を挙げると、筆者（相澤）は、いまの大学が常勤職としての二つ目です。また、この「常勤」の准教授になる前に、二つの大学で別々の仕事をしました。さらに別の三つの大学で非常勤講師をしたことがあります。つまり、これまで合計七大学で仕事をしています。同じ年齢のサラリーマンと比べれば、かなり多いです。共著者の髙橋は仕事を始めて七年目ですが、すでに三つ目の大学にいます。

コラム

部活にどう取り組むか

相澤真一

みなさんのなかには、部活動を通じて音楽に興味をもったり、好きな楽器や好きな活動に出合ったりした人もいると思います。私は、専門が教育、特に中等教育（中学校・高等学校）なので、部活動のいい点も悪い点もよく研究されていることを知っています。[1] 日本の部活動は、音楽教育の入り口を提供しているという点では、きわめて優れた役割を果たしていると私は考えます。例えば、今回話を聞いた人でも、現在、ヨーロッパのオーケストラで活躍する曾根さんは、打楽器を専門にしていきたいと考えたのが中学三年のときの吹奏楽コンクールだったと、いまでも生き生きと話してくれています。

最後のほうで、もう曲がほとんど終わるあたりのとこで、こうやって、みんなと一緒に演奏して、みんなで一つのものを、一つの方向に向かって作るって、なんて、楽しいんだろうって、思って、すごい幸せだなって思ったんですよね。その演奏が終わったあとも、しばらくなんか、その気持ちがずっと残ってて、もう、なんでしょう、すごい、いまでも、思い出せるくらい、残ってるんですけど。

（曾根さん）

もちろん、すべてのみなさんがこのように幸せな瞬間を部活動で体験してきたわけではありません。話を聞いたなかにも、全然盛んでない部活動を続けてきたり、指導方針が合わずに辞めてしまったりした人もいます。

結論をいうと、部活動は、あなたを音楽の専門家にするためには存在していません。あくまで、あなたに入り口を与えているものです。逆に、その活動が盛んすぎると、個人練習として音楽大学に入るための絶対的な準備時間が不足する可能性もあります。打楽器と作曲の両方で国際コンクールに上位入賞を果たし、ヨーロッパで活躍する太田さんは、吹奏楽をやる人ならば誰でも知っているくらい吹奏楽部が有名な高校の出身ですが、高校時代は技術的にはなかなかうまくなれなかったし、自分の練習時間が足りなかったと述懐しています。

相澤：（名門高校の）吹奏楽部というのも（プロのオーケストラ奏者になる）ステップだと思っていたところもあるんですか。

太田さん：思っていました。もちろん盛んな場所で、いろんな人と関われる場所で、刺激的な出会いとか体験ができる場所だなと思って。ただ、一方でデメリットがあるとすれば個人技としてはあまり上がらなかったという実感がありますね。

相澤：やっぱりそれは、合奏でひたすら待っていて。

太田さん：ひたすら合奏と本番が多かったので。
相澤：すごく多いですよね。
太田さん：ある意味そこはデメリットで、もし個人で（実力を）伸ばしたいんだったら、あまり部活動が盛んすぎる場所はお勧めしないかもしれないですね。僕もその反動で一浪したので。

太田さんは、絶対的な時間不足を二年生のころに自覚し、その後、浪人して自分の練習時間を確保して音楽大学に入学しています。太田さんにさらに尋ねたところ、部活動はあくまで教育の場なので、「音楽家を育てるという場所ではなかったかもしれないです。シビアに言うなら」とも言っていました。

また、部活動をしているなかで、一人だけ専門的な訓練を受け始めると、周りの人々よりも自分が進んでいると思うことがあるかもしれません。それに対して、別府さんは、顧問の先生から音楽を「優越感のネタ」にしないように注意されたことがあるといいます。

合宿の夜に呼び出されて。最終日の夜かなんかに呼び出されて、説教食らったのを覚えていますね。そのときに専門科にいきたいなんていうことは一言も言っていなかったんですけれども。お前がほかの子に比べて相当速い進歩を遂げているのは確かなんだけれども、音楽っていうのは人間の営みのなかのたった一つのものなんだから、そこを、それを優越感のネタにしてしまったら、お前がこれから音楽で経験するだろう楽しいことすてきなことがほとんどなくなってしまう、って言われたのは、すごい衝撃でしたね。そのとおりだなと思いましたね。

（別府さん）

このようなことも含めて、集団活動として部活動と関わることは教育活動としてとても意義があると思います。しかしながら、音楽家として生活するための専門的なキャリアは、部活動が入り口のように見えて、実は、別に存在していると考えたほうがよさそうです。

注

（1）部活動という活動に関心をもった人は、中澤篤史『そろそろ、部活のこれからを話しませんか――未来のための部活講義』（大月書店、二〇一七年）、また部活動のあり方に疑問をもった人は、中澤篤史／内田良『「ハッピーな部活」のつくり方』（〔岩波ジュニア新書〕、岩波書店、二〇一九年）があります。

第2章

How to 音大受験

輪湖里奈

メッセージ

音楽大学を受験してみたい！　でも、いったい何から始めればいいの？　知らないことだらけの受験準備、まずは情報収集から始めましょう。

音楽を学びたい、特にクラシックのジャンルで。ゆくゆくはオーケストラに入団したりオペラ歌手になったり、ソリストとしてオーケストラと共演してみたい。そう考えたときに、あなたはまず何をするでしょうか。

1

「何も知らない」からのスタート

大ヒット漫画や書籍の影響で、近年では音楽家になる手段や道筋について少し身近になったようにも思いますが、いまも音楽家というものは、天才たちだけが選択することができる道なのだという固定観念は残っているように感じます。この固定観念はある意味で正解であり、大きな誤りでもあります。確かに、天才的な才能の持ち主は存在します。しかし音楽大学に進んで、いまも音楽活動をしている人の私を含めた多くはいたって平凡な、しかし勤勉な学生だったことでしょう。家族・親戚に一人も音楽家はおらず、まるで野生から自然発生したような音楽家もたくさんいます。そして当たり前ですが、そういった人たちはみな、音楽の世界のことも受験のことも、最初は何も知らなかったのです。わかっていたのは自分のなかの音楽を学びたいという強い意志だけでした。

では、何も知らないところからどうやって音楽大学に進む道のりを歩み始めたのでしょうか。

2 まずは前例のリサーチ

わからないことがあれば親か先生に聞く。これは学生の情報収集の第一歩だと思いますが、実際に多くの音大進学者は、身近な人や地域のコミュニティーのなかから情報を得ていったパターンが多いように見受けられます。私の場合も、この方法で運よく情報を得ることができました。親から得た情報は「知り合いの娘さんが音楽大学に進学したらしい」、先生から聞いた情報では「卒業生の何人かが音楽大学に進学している」というものでした。そこからなんとか連絡先を教えてもらい、受験について話を聞く機会をもつことができ、おのずと自分のやるべきことが見えてきました。話を聞いた人たちは決して身近な人たちではありませんでしたが、どなたも快く情報を教えてくれました。

このようにして、すでに受験を経験した人、受験生を指導した人から直接話を聞くことは最も有効な手段といえます。話を聞ける人は、できるかぎり近年の受験に関わった経験をしている人が、なおいいといえます。受験は時代によって変化していくものなので、タイムリーな情報を入手できることはその後のスムーズな行動につながります。

3 ほかにもできるリサーチ

周りに聞いてみたものの、音大生や出身者のツテが見つからない……と思っている人も多いかもしれません。ツテがなければ音楽大学に入学できないかというと、もちろんそんなことはありません。例えば、どの楽器を専攻してもピアノは必修科目になるはずなので、近所のピアノ教室で、可能であれば音大受験生の指導経験がある教室に行ってみることなどは、身近ですしお勧めです。ほかにも、いまは音楽大学を受験することに特化した予備校などもありますので、何から始めたらいいか全くわからない！という人はそういった予備校に問い合わせて話を聞いてみるのもいいかもしれません。

最近ではSNS（会員制交流サイト）を通じて情報収集する人も多いようです。しかし、SNS上のメッセージで音大生や音楽指導者に質問する場合は注意しなければなりません。相手はほとんどの場合、音大受験の専門家ではないし、なかには誤った情報や価値観を植え付けられてしまうケースもあります。発信している内容や活動の情報からみて、ある程度コンスタントに音楽大学に学生を輩出している先生だとしても、あなたと相性がいいとは必ずしもかぎらないのが難しいところです。強引に生徒になるように勧誘してくるケースなどもあるので、気をつけなければなりません（もちろん、すべての人がそのような人なわけではありません、親切にいろいろなことを教えてくれる先生や音大生もいます）。

4 リサーチのうえでまず学ぶ礼節

音楽の道へ進むための情報を集める段階で、地元の音楽教室の先生や学校の先輩の音大生、受験予備校の講師の先生、さらに進んだところには音楽大学の教授など、多くの音楽関係者と関わる機会が生まれる場合があります。それらの人たちは受験を考えている生徒に対してとても好意的で、一見閉鎖的な世界のように見えがちですが、その門戸は常に開かれています。

しかしながら、そのリサーチには段階というものがあります。例えば、前の項目で書いたような全く何もわからないような段階で、いきなり音楽大学の教授陣のもとを訪れても教授は困惑するでしょうし、あなたは思うような回答を得られないでしょう。そして忘れてはならないのが、質問する人に対して決して失礼な態度をとってはいけないということです。SNSなどでのやりとりの場合、どうしてもフランクな口調になってしまいがちですが、もしもその人がのちに先生になったら、大学の先輩になったら、ということを想像してみてください。失礼な態度をしてしまったと、きっと後悔することになるのではないでしょうか。話を聞く機会があれば、なんだかよくわからないけど教えてください！というような態度ではなく、何が知りたいのか、何をしたいと思っているのかなど、自分自身が知りたいことを簡潔にまとめてから質問することをお勧めします。もちろん、丁寧な口調で質問するということはいうまでもありません。

5 質問の仕方について

ステップ1　自分の情報を話し、何から連絡先を知ったのかを伝える。

「初めまして、音楽花子と申します。インターネットを介して、先生のウェブサイトを拝見してご連絡を差し上げました」

ステップ2　音楽大学を受験してみようか考えていることを伝える。

「大学進学にあたって音楽の勉強を続けたいと考えていて、音楽大学への進学を考えています」

ステップ3　ピアノを含めた音楽の経験があるかないか。

「ピアノは五年間続けています」

「吹奏楽部に所属して、全国大会にも出場しました」

ステップ4　何をしてほしいかを具体的に話す。どのような助言がほしいのか、レッスンをしてほしいのか、など。

「音大生を多く輩出している教室とうかがったので、ピアノやソルフェージュを習いたいです」

「これまでの音楽経験や年数で、いまから受験を目指すことは可能でしょうか」

「私が専攻したいと考えている楽器で、受験に必要な課題はどんなものがあるのでしょうか」

6 志望校選び

志望校選びはその後のキャリアにも大きく影響をもつことになるため、とても難しく、慎重に進めなければなりません。志望大学は、その後どのようなキャリアを築きたいかによって、それぞれの大学の出身者やカリキュラムから選ぶ必要があります。しかしながら多くの受験生はそれぞれの大学の特徴を調べることなく、国公立大学を志望校として提示することが多いようです。もちろん目指すのであれば難関大学を、できるだけ学費が低いところを、と思うことは間違っているとはいえませんが、本当に自分自身に合っている大学なのかをよく見極める必要があります。

卒業後はプロになりたいのか、プロは目指さず、就職したいのか、音楽の教育者になりたいのか、最近だとマネージメントや音楽療法士を目指すという選択もあります。学内で実践的なことを教えてくれる大学、留学について助言をくれる、もしくは交換留学などのコネクションがある大学、オーケストラの実習が多い大学、個人レッスンの時間が多い大学など、カリキュラムも大学によって千差万別です。

しかし多くの受験生は大学のネームバリューや授業料しか見ていないことが多く、「もう志望校を決めました。指導してください！」とやってくる生徒に指導者は頭を抱えることもしばしばです。

大学を知るには、カリキュラムを調べる以外にも、有効な方法があります。オープンキャンパスです。最近ではどの大学もオープンキャンパスに力を入れています。特に進学希望者が現役学生に相談できる窓口などを設けている大学では、リアルな意見を聞くチャンスですから、機会がありましたらぜひたくさんの質問をしてください。一般大学であればオープンキャンパスに赴くことは至極当然のことのように思うでしょうが、音大受験でオープンキャンパスがいまのように有益になったのはここ数年のことです。なかにはオープンキャンパスをおこなっていない大学もありました。いまはどの大学も受験生が大学のなかのことを知る機会を設けてくれているので、積極的に訪れるといいでしょう。

大学を選ぶことはその後の自分の人生に関わることです。時間がないからと後回しにすることなく、真剣に吟味しましょう。

7

先生選びという最難関事項

志望校を選ぶ段階で同時にとても重要な作業が、指導者を見つけることです。この作業ははっきりいって、運も物言うといえるでしょう。というのも、リサーチをしていい指導者と評判の先生に巡り合っても、必ずしもその先生が自分に合っているとはかぎらないからです。探していく最初の段階から、よく見極めていく必要があります。

参考になる項目をいくつか提示してみます。

①相性がいい人柄
②確かな指導技術
③指導者自身の演奏技術の高さ
④幅広い知識
⑤人脈の豊かさ
⑥指導者としての実績
⑦適切なレッスン費
⑧信頼する人からの紹介

指導者とは受験までの道のりを示してくれる存在であり、一緒に走り抜いてくれるパートナーでもあります。優しければいい、厳しいからいいということでもありません。相手も人間です。万人にとって理想的で完璧な指導者などは存在しません。大切なのは、自分にとってその指導者のもとで勉強していくことが適切なのかどうかです。

よく見極め、実際にレッスンに通い始めても、次第にうまくいかなくなってしまうケースもよくあります。そこまでお世話になった指導者に失礼なことはできないと考え、ほかの指導者に移ることができない生徒もよくいます。しかし、自分自身の音楽人生を守ることができるのは自分だけです。臆することなく、自分にとって最善の策を選んでいけるように、自分の感覚に対して常に敏感であるようにしましょう。

信頼関係の構築には時間も必要です。自分自身の気持ちに正直に、そして指導者とも真剣に向き合うことで「先生から学びたいことがある」「この先生になら何でも相談することができる」「先生のようになりたい」と素直に思えるような、そんな指導者を見つけてほしいものです。

コラム

オンラインレッスン

輪湖里奈

二〇二〇年、「コロナ時代」と呼ばれるこの苦境で、オンラインレッスンに注目が集まりました。しかし、この需要の高まりと同時に急増したあまたのオンラインレッスン教室のなかから、本当に自分に合った内容を選ぶことは非常に難しいのが現状です。指導する側は、従来のレッスンとは異なる課題に直面し、うまく対処できている人とそうでない人でレッスンの質に雲泥の差が生じてしまっているように感じられます。一般的には信頼度が高い大手の音楽教室でさえ、急場しのぎのオンラインプログラムをこしらえてなんとか運営している現状を垣間見ることもあります。そのため、レッスンを受ける側にこそレッスン内容を見極める能力が求められているように思います。一方で、いままでレッスンを受けるには高いハードルがあった海外の有名な演奏家からレッスンを受けることができるなど、生徒にとってチャンスが広がったことも事実です。

オンラインレッスンのメリットとデメリットについて以下にまとめてみました。

メリット

・時間の節約（移動時間の短縮、レッスン直前まで自主練が可能に。地方から都心部へレッスンのために通っていた生徒は金銭面でも節約に）
・場所を選ばない（海外の指導者ともつながることが可能に、しかし日本の住居での音出しという問題点も同時に生じます）
・保護者が内容を知ることができる（受験生や学生でいえば、内容や指導者の人となりを垣間見る機会にも）

デメリット

・通信のタイムラグによって合奏ができない（現在の通信環境、通信機器、アプリケーションの能力では簡単に乗り越えられない課題といえます）
・レッスン独特の緊張感の欠如（自宅でレッスンを受ける場合の環境がもたらす影響力はとても大きいようです）
・対面できないことによるコミュニケーション不足（対面していれば感じることができる機微に気づくことができないなど）
・時間管理の難しさ（もともと時間にルーズな人は特に、レッスン開始や終了に場所の制限がないことで影響がある場合も）
・音質（対面とは大きく異なり、演奏するうえでは最も重要で乗り越え方が非常に難しい点です）

オンラインレッスンの六つのポイント

実際にオンラインレッスンを受けるには、対面ではないぶん、先生を選ぶうえでのリサーチがよりいっそう必要になってきます。以下のポイントは対面レッスンでも注意する点ですが、オンラインであるからこそ、特に注目すべきポイントとして挙げました。

①指導者のプロフィール、経歴、実績を確認。自分のニーズやレベルに対応しているか

オンラインという手軽さから、有名な演奏家からレッスンを受けることができるチャンスも増えましたが、華々しい経歴や実績があっても、必ずしも自分にとって適切な指導者であるかはわかりません。大切なことは、「自分が求める指導をしてくれそうか」ということに着目して経歴をみることです。そのためにも、生徒側はまずどんなレッスンをしてほしいかを明確にしておく必要があります。趣味として楽しいレッスンを受けたいのか、受験指導をしてほしいのか、プロの演奏家としてもうワンランク上の指導を求めているのかなど、ニーズによって当然指導者も変わってきます。すべてのニーズに応えられる指導者など存在しません。指導内容が自分のニーズに特化している人を選んだほうが間違いないでしょう。特に初心者や受験生は、未経験者が楽譜を読めるようになるまでのような指導をしたことがあるか、これまでどれくらい音大合格者を輩出した実績があるのかなどは必ず確認する必要があるといえるでしょう。

②オンラインコミュニケーションアプリの固定化による制限

これらのアプリは現在どれも簡単にダウンロードして使用することができますが、まだまだ一般的ではないアプリケーションも存在します。指導する側が「このアプリケーション限定で！」と使用を固定化してしまうと、指導する側にとっては運営上の手間が省ける一方で、生徒はいままでなじみがないアプリケーションを使用することからレッスンをためらってしまうということもあるようです。また音質の問題などから、生徒側に機材を求めたりする場合もあるようで、そうなると手軽に思えたオンラインレッスンもハードルがどんどん上がってしまいます。それらの条件についてもある程度生徒に選択する余地を与えてくれることも、生徒の立場になった歩み寄りの姿勢としてとらえることができると思います。

③トライアルレッスンの有無とその内容

対面のレッスンでもトライアルレッスンを設けている人もいますが、オンラインでは特に相性や指導内容を確認するうえでトライアルレッスンが重要だと思います。そのトライアルレッスンの時間を利用して、その指導者が生徒に寄り添った対応を示してくれるのか、時間にルーズではないか、質問に対して親身に対応してくれるかなどチェックしましょう。

④フォローアップ体制と生徒をよく見ているか

オンラインレッスンで最も重要な点といっても過言ではありません。通常のレッスンと違って、タイムラグや通信障害などが発生するオンラインレッスンでは、レッスン時間内では補いきれない内容について親身に対応してくれるかによって、そのレッスンの質が大きく変わってきます。

途中で通信が途絶えてしまった場合に別日で補講してくれたり、演奏録音をデータで送ってレッスン時間外で講評のやりとりをしてくれたり、生徒の進度や理解度について確認を欠かさず、毎回のレッスン内容について指導者自身も改善点などをよく記憶してくれているかなど、さまざまな点で配慮が行き届いた指導をしてくれているかは、人間関係の構築という点でもよく確認していく必要があるでしょう。

⑤金銭のやりとりについて明確か

対面レッスンだと直接レッスン費を受け渡すことが多いですが、オンラインとなると振り込みか、最近だと電子決済なども多く利用されています。トライアルレッスンの時点などで、レッスン費がいくらなのか、支払いはどのタイミングでおこなえばいいのかなど、しっかり確認しておく必要があります。レッスン費を提示することも、失礼がないようにしっかりと支払うことも、信頼関係やレッスンをおこなう姿勢としてとても重要だといえます。互いにうやむやにすることなく、気持ちよくやりとりができるように事前に明確にしておくべきことでしょう。

⑥事前メッセージの丁寧さやレスポンスの早さ

レッスンの日時設定も含めて、素早いレスポンスはとても大事なポイントといえるでしょう。オンラインで家からレッスンを受けられるぶん、急なレッスンキャンセルなどもしてしまいがちですが、とても失礼なことですので、対面のときと同じようにできるだけ早めの連絡を心がけましょう。時間にルーズではないか、約束の時間には必ずオンラインの状態になっているかなど、信頼できる相手だと互いに認識するためには、もちろん守るべき礼儀でしょう。

第3章

受験を決めてから知っておきたいこと

輪湖里奈

メッセージ

志は十分、でも実際にかかるお金は？　いまから受験準備して間に合うの？　集めた情報を整理して、不安を解消していこう！

1 レッスン費は実際どれくらいかかるの？

音楽大学への進学はお金がかかる。これはよくいわれる話ですが、この話を聞くたびに疑問に思うことがありました。確かにお金はかかるかもしれませんが、音大受験は本当にピンからキリまであります。一般大学の受験ならば、ある程度予備校の相場などがあり、それぞれの予備校のカリキュラムや特色を比べて選ぶことができます。しかし音大受験の場合はピアノの先生、ソルフェージュの先生、専攻実技の先生、人によっては英語や国語の予備校と、一カ所でまとめてレッスンをしているという人はとても少ないために、その相場感もまちまちです。しかし私の体感ですと、いまの時代はバブルのころとはおそらく大きく異なり、法外なレッスン費を個人レッスンで支払わなければならないということは少ないように思います。では、いったいいくらくらいが音楽関係者が考える一般的な相場なのか。これは本当になんともいえません。レッスンの内容やクオリティー、その先生のキャリアで当然のことながらその金額は変わっていきます。私が考える許容範囲を提示します。

・副科ピアノレッスン（月三、四回）八千円から二万円
・ソルフェージュレッスン（一回）三千円から一万五千円
・専攻実技レッスン（一回）五千円から三万円

あくまでこれは個人的な指標ですので、参考程度にしてください。先にも述べましたが、先生の指導内容によっては参考金額を超えることもありますので、一概にこの金額よりも高いから法外だなどということはないと理解してください。それに、一、二カ月レッスンを受けてみれば、そのレッスン費が妥当かどうかは生徒自身がおのずとわかってくるでしょう。これは指導者にとって非常にシビアな問題ではありますが、生徒の人生を預かる仕事ですので、シビアであって当然ともいえます。

レッスンの回数としては、ピアノは週に一回、ソルフェージュも可能なら週に一回、専攻実技は週に一回から、二週に一回くらい、人によっては月に一回くらいが一般的なペースです。

前述の参考レッスン費から考えて、受験までにものすごくお金がかかるかというと、一般大学の予備校にかかる費用と大きくかけ離れているわけではないでしょう。しかし何度も言いますがあくまで参考ですので、そのかかる金額は千差万別です。地方に住む学生は東京や都市部まで頻繁にレッスンを受けにいくことで、レッスン費用以外に交通費が多くかかってしまう場合もあります。ま

た、これはあくまで受験での話で、大学に入学してからの学費や、卒業後の大学院進学、留学、と考えればキリはありませんね。金銭的な面でもハードルが存在することは確かですが、まずはこういった情報を集めて自分に合った受験対策を考えていくことが大切です。

2 音大受験共通技能試験課題

受験では専攻実技以外にも必須の音楽技能試験があります。ソルフェージュという楽譜を読む基礎能力の試験と、専攻がピアノ科ではない人は副科ピアノの試験もあります。多くの受験生は、実技はいいけれどこれらの技能試験が大変そう、と思っていることが多いのですが、実技の演奏と違い、これらの技能は着実に勉強すれば誰でも身につくものです。努力したらしたぶんだけ結果につながるのです。

共通技能課題は、大きく新曲視唱・リズム・楽典・聴音の四つの項目に分けられます。

①新曲視唱

その名のとおり、新しい楽譜を初見で歌う技能です。試験では四小節から長ければ十二小節くらいの旋律を限られた時間のなかで予見し、試験場で数人の試験官の前で一人で歌うというスタイルが一般的かと思います。あらかじめ準備することができない試験のように感じるかと思いますが、受験勉強期間に繰り返し新曲視唱の練習をすることで、受験に必要なレベルまで身につけることができます。

　大学によってはピアノの伴奏がついた課題を歌うところもありますが、多くの場合は無伴奏なので、音感の訓練が同時に必要になります。絶対音感がないと難しいのではないかとよく質問されますが、そんなことは全くありません。この練習は簡単な課題から順に慣れさせていくことが多いのですが、客観的に聞いてチェックしてくれる存在が必要ですので、指導者が欠かせません。音楽未経験から始めても、一年から三年でどの大学も受験することができるレベルまで達することができるでしょう。

②リズム
　リズムが書かれた課題をそのとおりに読み上げながら、手で指揮を振って拍子を示す試験です。こちらは試験課題として取り扱っていない大学もありますが、もっているほうがいい技術です。リズムの読み上げは単純なものでしたら初心者でもすぐにできるようになりますが、指揮をしながらリズムを読むことに慣れませんので、根気よく練習することが必要です。

③楽典
　こちらはソルフェージュ技能のなかで唯一の理論課題になります。覚えなければならないことは多くありますが、だいたい参考書一冊を網羅することができたら問題ないでしょう。一年間でも、

しっかり勉強すれば基礎レベルをクリアできるのではないでしょうか。
楽典のなかにはさまざまな課題があります。以下が一般的によく問われる課題です。

音楽用語：音楽に関わる専門用語を問う課題
調性判断：調号を示していない楽譜から調性を判断する課題
移調課題：提示された楽譜をもとに、指定された調性に書き換える課題
和声：音楽を構成する基本的な和音のルールについて問う課題

こうして並べて書くと難しそうな課題ばかりですが、数学と同じで、問題の解き方を学べば必ずどの課題も解けるようになります。そのためにも、まず解き方や基本的な内容についてはしっかりと先生から指導を受けることをお勧めします。しかし勉強が得意な生徒であれば、参考書をもとにして自学でも受験に臨めるでしょう。

④聴音
耳で聴いた曲を楽譜に書き起こす課題です。この項目が最も多くの受験生を苦しめるように思います。この課題は受験する大学、専攻によってレベルの差がだいぶあります。国公立音楽大学の課題は、完璧に解けるようになるのにはかなりの鍛錬とセンスも必要になってきます。しかし基本的な課題であれば、日々の積み重ねでクリアしていくことができます。受験で多くの大学が提示する

聴音課題は以下のとおりです。

単旋律聴音：ピアノで弾いた単旋律の課題。だいたい四小節から十二小節くらい。

複旋律聴音：一般的にはピアノで弾いた高音部譜表と低音部譜表による二声の課題。八小節くらい。大学や学科によっては、ほかの楽器も交えた四重奏などの課題を求められることもある。

四声体聴音：ピアノで弾いた四声の和音を聞き取る課題。八小節が多い。

聴音も新曲視唱と同じように簡単な課題から取り組み、少しずつレベルアップさせていくものですが、ピアノを弾いてくれて課題を提示してくれる指導者が必要です。少しできるようになってからは、CDが付いた聴音課題教本などを使うこともできるかもしれませんが、繰り返し同じ課題をやっているとすぐにメロディーを覚えてしまいますので、常に新しい課題を用意しておく必要があります。

ほかにも、学科別の必須科目もあります。

⑤『コール・ユーブンゲン』

声楽科を受験するには必要な必須課題で、教本の名前でもあります。ドイツで作られた合唱のための練習本で、声楽を専攻する人はこの本を一冊丸ごと覚えるほど練習して試験に臨む必要があります。大学によって試験の範囲は異なりますが、多くの大学で曲は事前に指定されておらず、当日に指定された箇所を歌うことになります。音程やリズムに加えて音楽的に歌唱することができているかを問われる課題となっています。

意外に思われるかもしれませんが、基本的に音大受験では面接試験はほとんどおこなわれません。ただし演奏している姿や、演奏への誠実さで百戦錬磨の教授陣は生徒たちの性質まで見抜いているとも感じられます。誠心誠意音楽に取り組んでいるということを、ぜひとも演奏でアピールしましょう。

オススメ参考書

①新曲視唱

必須教本！：金光威和雄／内藤忠勝／松代信子／呉暁『視唱の練習——和声感の育成をかねて』音楽之友社、二〇一三年

初心者向け：呉暁編著『才能を育てる子供のソルフェージュ』上・下、音楽之友社、一九七六年

②リズム

必須教本！：藤井伊都子／鹿島田章子／原田由利子『リズム 初歩から応用まで』音楽之友社、一九

八五年

③楽典

必須教本！：石桁真礼生『楽典――理論と実習』音楽之友社、一九六五年

お薦め：菊池有恒『新版 楽典――音楽家を志す人のための』音楽之友社、一九八八年

ワークブック：音大進学ゼミナール編著『音大受験生のためのパーフェクト楽典・問題集 改訂版』ドレミ楽譜出版社、二〇〇二年

超初心者向け：轟千尋『いちばん親切な楽典入門 CD付き』新星出版社、二〇一六年

④その他

音楽之友社編『音楽大学・学校案内2021――国公立大・私大・短大・高校・中学・音楽学校・大学院』音楽之友社、二〇二〇年

音楽之友社編『音楽大学・入試問題集2021――国公立大・私大・短大・高校・中学・音楽学校・大学院』音楽之友社、二〇二〇年

	10月	11月	12月	1月	2月	3月
	募集要項発表 (10月〜12月)			出願期間 (1月〜2月)	試験期間 (2月〜3月)	
		11月末までには課題曲を決定！			課題曲を暗譜して、いつでも試験を受けられるような状態にしておく。	試験 合格発表
	転調や借用和音を含む課題をできるように。			実際の試験に基づいた時間配分や課題のレベルに十分慣れておく。	志望大学の過去問（またはそれに類似する課題）を試験を想定しておこなっていく。	試験 合格発表
			複雑なリズムや変拍子を含む課題をできるように。		志望大学の過去問（またはそれに類似する課題）を試験を想定しておこなっていく。	試験 合格発表
	難しい課題も含めて、問題をできるだけたくさん繰り返し解いていく。		模擬試験的課題を解いていき、実際の試験を想定していく。		志望大学の過去問（またはそれに類似する課題）を試験を想定しておこなっていく。	試験 合格発表
		複雑なリズムや転調や借用和音、変則的な拍子を含む課題を練習。	志望大学以外の同等レベルの試験課題や同等レベルの他大学過去問を解く。		志望大学の過去問（またはそれに類似する課題）を試験を想定しておこなっていく。	試験 合格発表

表1●受験年間スケジュール

	4月	5月	6月	7月	8月	9月	
受験全般スケジュール				受験課題発表 夏のオープンキャンパス			
ピアノ			『バイエル』上・下、『ツェルニー』など基礎ピアノ教本を一通りできるように。			志望大学の例年課題になりやすい曲(例えばソナタやソナチネのなかから)を数曲弾けるように。	
新曲視唱	基礎課題を使い新曲視唱のやり方を学ぶ。			全調性の基礎課題を一通り終わらせる。			
リズム	基礎課題を使いリズム課題のやり方を学ぶ。					リズムの基本になるような基礎課題をできるようにする(試験課題になければ練習はここまで)。	
楽典	基礎課題を使い楽典課題のやり方を学ぶ。				試験に必要な範囲を学び終わる(楽典の教本を1冊学び終わる)。		
聴音	基礎課題を使い聴音課題のやり方を学ぶ。		複雑なリズムもなく臨時記号もほとんど出てこない課題を問題なくこなせるように。		臨時記号や難しいリズムを少し含む課題をできるように。		

表2●1週間のスケジュール

	月	火	水	木	金	土	日
8:00							
9:00						ピアノレッスン	ピアノ練習
10:00							ソルフェージュ
11:00						レッスン復習	楽典
12:00	**学校**						
13:00						主専攻練習	
14:00						主専攻練習	主専攻練習
15:00						ピアノ練習	主専攻練習
16:00						ソルフェージュ	
17:00	主専攻練習		主専攻練習		主専攻練習	楽典	ソルフェージュレッスン
18:00	主専攻練習	主専攻レッスン	主専攻練習		主専攻練習		楽典レッスン
19:00	ピアノ練習		ピアノ練習	学習塾	ピアノ練習		
20:00	ソルフェージュ	ピアノ練習	ソルフェージュ		ソルフェージュ		
21:00	楽典	ソルフェージュ	楽典	ソルフェージュ	楽典		
22:00		楽典		楽典			
23:00	就寝						

3 受験までの道のり一年間

受験を決めてから、いったいいつごろまでにどれくらいのことができていないといけないのか、ということが漠然としていて、受験のギリギリまで行動しないで過ごしてしまった、という生徒を見かけたことがあります。具体的な能力基準がない学問のジャンルといえますので、なかなかどれくらいできるようになっていればいい、ということは明言しがたいためにペース配分を見誤ることがあります。

以下は、一年間で受験準備をすることを想定したスケジュールの例です。

表1をみると、どの課題も夏ごろまでには基礎課題や、基本的な問題の取り組み方についての理解が完了していることが必要だとわかります。一般大学受験でも高校三年生の夏の模擬試験の結果が一つの指針になっていますが、音大受験でも例外はなく、夏の終わりまでの進度が、志望校が適切かどうかの判断基準になります。そしてその進度と、夏の間のオープンキャンパスなどの経験をもとに、願書を手に入れる前には志望校の最終見直しができるといいと思います。

それぞれの段階には、十分に時間があるように見えます。しかしどの段階もハードルを超えていくには付け焼き刃な練習ではなく、日々の積み重ねが必要です。日々積み重ねる課題自体はどれもさほど難しいものはありませんが、毎日確実に練習しなければならないという点ではとても根気が必要で、加えて課題に対してどれだけ緻密に取り組めているかが成長に大きく影響します。

毎日の積み重ねが必要とはいえ、どれほどの勉強が必要なのか、参考までに私の高校三年生時のある一週間のスケジュールを載せておきます（表2）。

空いている自由な時間は限られていましたので、その間に学校の宿題や学習塾の宿題をこなし、毎日課題に追われる日々でした。時間が許すかぎりほとんど毎日ピアノ、ソルフェージュ、楽典の勉強をしていて、それぞれ少なくとも三十分、長くて二時間ほど取り組むときもありました。主専攻は私の場合は声楽だったこともあって幸い練習時間は長くなく、ほかの課題に取り組む時間を十分にとることができました。しかし長時間の練習が必要になる楽器を専攻する場合は、ゼロからのスタートだと、一年の受験計画では厳しいことがわかると思います。

コラム

親の関わり方

輪湖里奈

親は子どものことになると自分のことのように悩み、どうか苦しい道を進まないでほしいと願い、自分の手で助けにいける範囲でがんばってほしいと思ってしまいます。音楽大学に進学するということは、中学生や高校生までの、自分と同じような道をたどってきて、自分が理解できる範囲の悩みを相談してきてくれた子どもたちではなくなってしまうわけですから、いわば親にとっては未知の領域にいってしまうわけです。そんな世界に送り込むなんてとてもじゃないけれど不安ででき ないと思うのは当然でしょう。一方で、子どもの夢を手放しで応援したいと思うこともまた親として当然の思いです。そんな不安や悩みを抱える親は、子どもとどのように向き合っていけばいいのでしょうか。

親の不安は親のもの

子どもが毎日どんな勉強や練習をしていて、それがどれくらいの進度で、うまくいっているのか、いないのか。音楽という学問では客観的にそれらを知るのはとても難しいことです。受験勉強に打ち込む子どもたちは自分の演奏のことで手いっぱいです。うまくいっているのか、成長しているのかも本人は正確に認識できていない場合が多く、師匠の言葉を頼りに暗中模索を繰り返しているのです。そんな子どもたちに「本当にうまくいくのか」「ちゃんとやっているのか」「そもそも音楽大学なんて難しいんじゃないか」という疑問や不安をぶつけてみたとしても、その不安は解決できません。

これらの不安は、子どもがなにをやっているかわからないことが原因ではありません。子どもを手放しで見守ることができない、親自身の問題なのだと理解していてほしいのです。応援していく、ということは親自身もまた、心を強くもち、自分自身の不安に打ち勝っていかなければならないのです。

親しき仲にも礼儀あり

子どもたちが音楽大学を目指し、専門的な音楽の学習を始めた段階から、その子にとっての音楽はその子だけの聖域になります。土足で侵入していくことはできませんし、決してしてはいけません。その聖域で同じ目線で話ができるのは、同じように音楽を志している人間たちか、第二の親である師匠だけなのです。いくら親子で、毎日練習が聞こえていたとしても、演奏に口を出してしまうことはくれぐれも我慢してほしいのです。

否定する必要もなければ、過度に褒める必要もありません。「調子はどう？」「まあまあかな」「そっか」くらいの会話にとどめておくのがいちばんいいでしょう。

誰かのためではない
子ども自身の成功を祈ってあげる

子どもたちは、夢を追いかけると決めた以上、たった一回の自分の人生に責任をもって生きていかなければなりません。受験生として過ごすなかで、親が応援してくれていることやお金をかけてくれていることは、痛いほど子どもは実感します。過度に親の期待や、かけてもらってきたお金に応えるよう求めてしまうのは、子どもにとって脅迫に感じてしまうこともあります。子どもは自分の思うように育たないと悟ることが親には必要です。

子どもにとっては自らが選んだ道ですから、覚悟を決め、期待に胸が膨らんでいるかもしれません。親はそれに反して子ども以上にその未来を、不安に思ってしまうものです。自分の分身のような存在だった子どもが、自分とは違う、別の人間だと認識していく、まさに子離れの作業は、とても苦しいものだと思います。しかし夢をもち、歩み始めた子どもは自分の足で立とうとしているのです。その気持ちや姿勢をよく見て、そして尊重してあげてほしいと強く思います。

子どもを応援し、支えていく日々は不安ばかりではありません。親が生きてきたなかで見ることができなかった世界や景色を、子どもたちはたくさん見て成長していきます。自分が生きてきたなかでは知ることができなかった世界を、子どもの目を借りて見にいくことがたくさんできるのです。そんな未知の世界への冒険を、親も一緒に楽しんでください。

第4章

音大に進学したらどうやって学ぶか

相澤真一

メッセージ

音楽大学に入ってからが大変！　だからこそ、音大を使い倒して、自分の音楽家への道を切り拓こう。音楽大学のレッスンでのアドバイスは、いま、その言葉が理解できなくても、将来、自分の道を切り拓く手掛かりになるかもしれない。

1 音楽大学に入ってからが大変！

近年、音大生の卒業後の進路に関する書籍が増えてきました。特に有名なのが、武蔵野音楽大学の職員の大内孝夫氏が書いた『「音大卒」は武器になる』[1]『「音大卒」の戦い方』[2]です。これらは、音大生が一般的な就職を目指すことについて書いてあるものです。しかしながら、音楽の専門家を目指すつもりで音楽大学に入った人たちにとって、このような書籍にはある種の違和感があるのではないでしょうか。それも当然だと思います。なぜならば、音楽をできれば仕事にしたくて音楽大学に入ってきた人たちでしょうから、そこで「就職」に目を向けるようにと突然言われても戸惑いがあると思います。

一方で、数字で伝えるべき音楽大学が置かれた厳しい現実があります。最新の統計である二〇一九年におこなわれた大学入試で、音楽系学科の倍率は、国立大学で三・六倍、私立大学で一・六倍[3]です。この数字は、受験者に対する入学者の比率です。合格者ではありません。すなわち、一・六倍という数字は、三人ちょっと受けて、二人が入っているという数字です。一方で、音楽系学科の一九年四月の国立大学の入学者は二百十九人、公立大学が二百八人、私立大学は三千四百八十五人です。全員合計すると、一学年あたり四千人弱の音楽を学ぶ学生がいることになります。例えば、NHKホールの収容定員が三千八百人ですので、毎年、NHKホールが満席になるくらいの数の音楽を学ぶ学生が全国で増えていることになります。(4)

この数字からみて、いまの日本の音楽大学は一部の一流音楽大学の有名な学科を除いて、入る段階では、競争が大きく緩和されている状態といっていいでしょう。かなり高い学費を払えれば、あなたはどこかの音楽大学の学生になれる可能性があります。しかし、一方、音楽大学に入ったことと音楽家になることの間の距離がどんどん大きくなっているともいえます。数多くの学生が音楽大学に入るにもかかわらず少子化や文化への公的補助の削減で従来の音楽の仕事が増えているとは言い難い状況だからです。だからこそ、『「音大卒」は武器になる』など、一般就職を紹介する動きも盛んになっているとも思います。でも、せっかく音楽大学に入ったのだから、まずは音楽をしっかり勉強したいと思う人も多いでしょう。では、音大ではどうやって過ごし、学びを得る場所としていったらいいのでしょうか。本章では、「音大に進学したら、どうやって学ぶか」を音楽家たちのインタビューから考えていきます。(5)

2 入るのが難しい大学では、目に見える序列と劣等感とに向き合う可能性が

まず、あなたが難しいといわれる音楽大学に入った場合、どんなに入試でいい評価を受けていたとしても、なかなか厳しい場面にしばしば直面するようです。入試が難しいとされている東京芸術大学に通っていた例（桜井さんと矢代さん）をみてみましょう。桜井さんは、東京芸術大学の自分の学年で感じた厳しさと劣等感を次のように話しています。

桜井さん：大学で、僕の学年の同級生には僕含めてチューバが三人いたんですけど。多いんです。これすごく多いんです。（略）あとの二人は本当に優秀な人で。もう二人とも（入る前から）芸大確実だって言われていて。芸大確実な人が二人いたら、もう枠としては基本的に埋まってるんですよ。（略）結構つらかった部分もあったと思います。その地の力でいったら絶対勝てないんですよね、二人には。だから、どうやったら勝てるだろうっていうので。（略）

相澤：さっき劣等感っていう話があったんですけれども、そういうふうな人が同級生にいるっていうのは、当時はやっぱり劣等感があったんですか？

桜井さん：まあ、ありましたね。ありました。

相澤：焦りは？

桜井さん：焦りもありましたね。自分が、でもどういうことで焦っているのかよくわかってなかったのかな、って思います。まあ特に芸大っていうのはすごく変なところで、いまでも結構あると思うんですけれども、うまかったら偉いっていうのがあって。それで仕事していたら偉い、みたいなところが。そういう文化があって、かなりひずんだ社会だったので。まあ、生き残るだけで必死だったかな、っていう気がしますね。

このように、芸大に向けてしっかり受験対策をして入学したとしても、入る前から、かなりの程度、上手下手の序列がはっきり見えていることがあります。また、桜井さんが語る「うまかったら偉い」「仕事していたら偉い」という文化については、芸大をはじめとする多くの音大生が述べていました。このようにはっきり見える序列と劣等感と向き合ってきたことを、トロンボーンで卒業した矢代さんも次のように語ります。

矢代さん：芸大に受かった時点で、僕の同級生あと二人いるんですけど。まあ、(僕も)全国で、一応三番以内には入ってるわけですよね。だから、それがもちろん、自信にはなってます。でも、かといって、その人たちと同じレベルにいるとは、思ったことないですね、思わなかったです。(略)先輩たちもすごい上手だったので。逆にもうこの先輩、またさらにその先輩たちと同じレベルにいかなきゃっていう、感じでした。

相澤：大学四年間で、それはやれたかなって感じがする？　それともまだまだ道は長いみたいな感じが？

矢代さん：まだまだだと思います。三、四年生のときは、二年生以上になってからは、やっぱりその当時の自分の先輩たちと比べることが多かったんですよね。だからその当時の上手だと思っていた先輩たちと自分が同じレベルにいるのかってすごく自分のなかで考えることが多くて。で、もういけてない、まだ、だめだみたいな。後輩からみたら、僕はまだ、当時の先輩よりも全然レベルが低くて、後輩にもバカにされてるんじゃないか、心の底でちょっとバカにされてるんじゃないかなって思ってました。あんまり自分に自信がなかったと思います。

矢代さんがより詳しく説明してくれているように、東京芸大に入るということ自体が、その時点で、日本のかなり上にいることとして自信になっていると話す一方で、自分がそのレベルに達しているかといわれれば「まだまだ」と感じる人も少なくないようです。矢代さんの話にもあるように、上級生に上がってみたときに、自分がみていた先輩と比べて、まだそこまで達していない、自信がなかったという声もしばしば聞きます。難しい入学試験を突破してきても、その先で、また劣等感にさいなまれるような状況がしばしばあります。

3 抽象度が高い分野はそもそも習うのが難しい

また、指揮や声楽など、そもそも習うことが人相手だったり、抽象度が高い内容だったりする分野では、音楽大学に入ってからもレッスンに苦労した話を聞いています。

音楽家のなかでも厳しいキャリアが予測される指揮を勉強し始めた堂本さんは、一般大学を卒業してから音楽大学に入学し、指揮を専攻します。当時の自分のことを「コンプレックスの塊」だったと話しながら、音大でおこなわれていた「ストレスをかける指導方法」について、次のように紹介してくれています。

相澤：実際にどのようなレッスンだったのですか？　学生を、本番にガンガン乗せてストレスをかけるとか、それともレッスンでめちゃめちゃ厳しいことを言うとか。

堂本さん：そうですね。どちらかというと後者ですね。例えば、基本的にレッスンっていったら、こう、指揮をします、ここをもうちょっとこういうふうに振ったほうがいいよとか、ここのパートを聞いたほうがいいよとか、ここはこういうふうに音楽を作ったほうがいいよっていうレッスンを結構イメージされると思います。普通、だいたいそういうレッスンが多いんですけれども。うちの場合は、基本的に何も言わない。(略) 言わないで、見てる生徒に言わせる。「いまのどう思う?」「お前はどう思う?」「いまこいつ何考えていると思う?」「お前の、心の中にいま迷いがある」みたいな。とりあえずクエスチョンだけさんざん投げかけられて、全然だめだ、またやり直し、ぽい、みたいな。(略) それはもちろん大学出たあとに、教えてくれる人はもういなくなるから、そのときに自分で乗り越えていけるように、学生時代から自分たちで考える癖をつけとけよっていうのがありました。けどこれはある意味、答えを言ってくれるよりもしんどいんです。

私は、「ストレスをかける指導方法」という言葉から、「レッスンでめちゃめちゃ厳しいことを言う」のかと想像して質問したのですが、堂本さんは、この表現にいったん同意を示しながらも、実際におこなわれている様子をうかがうかぎり、むしろ「基本的に何も言わない」「基本的に答えをあげないで、自分で考えさせていく」という姿勢に主眼があるレッスンだと紹介してくれています。それは、「ずっと自問自答、葛藤、自分との闘い」だったとも話してくれました。この精神的なプレッシャーは相当なものだそうで、「上級生でも下級生でも同級生でも、やっぱりだいたいみんな精神的に参りますね」と堂本さんは語っています。

指揮を学ぶ堂本さんと似たようなレッスン経験を、声楽家の福山さんも紹介してくれています。福山さんは、高校時代はコンクールにも入賞し、東京芸術大学に入学しました。福山さんも「答えを教えてくれない先生」のレッスンが厳しかったと話していて、そのレッスンの厳しさによく泣いたそうです。

四十五分のレッスンで、先生に練習してきたものを見せて、これはこうこれはこうっていう指導をもらって、どんどん伸びるっていうのが本来だと思うんですけど。なんだろう……答えを教えてくれない先生で。どこがいいのか、どこが悪いのか、っていうのは自分で考えるべき、でも、それは悪いんじゃない？っていうことだけを教えてくれる。なのでレッスンで歌い終わって、ちょっと沈黙があったあとに、どうなのか？って聞かれて。で、自分がこうこう、こうだと思います、練習する過程にあたってこうこう、こういう感じだと思います、みたいな。そしてそれに対してまずよしあしがあって、で、まあよしだったとしても、じゃあそれが歌に出てるのかどうかっていう部分を問い詰められて、まあたぶん出ていないんだろうと思いますっていう感じで（笑）。なので、なんでしょうね……哲学的というか、禅問答的というか、答えがない旅を一、二、三年の間ずーっとして。本当、一年次は泣いて、レッスンのときは泣かなかったですけど、家に帰って練習しながら泣いて、みたいなのもありますよね。

（福山さん）

堂本さんと福山さんの話にもみられるように、二人とも多くの問いかけを投げかけられたうえで、それが指揮（堂本さん）や歌（福山さん）に表現できていないことを厳しく指摘されています。問いを与えられるものの、答えが出てこないレッスンを通じて、福山さんは、「その当時は全然

（師との）関係もできてなかったので、心がズタボロにされ、鍛えられっていうところ」だったと言っています。

4

期待と異なる大学から自分のやりたい活動を見いだしていく

ここまで音楽大学の厳しさをみてきました。一方で、最初に示したように、かなり受験倍率が下がっている私立の音楽大学では、少し違う様子もあるようです。例えば、弦楽器の指導に定評があるZ大学に入った別府さんは、トロンボーンを習っていた先生に心酔していたことに加えて、オーケストラの授業に接して「すっごいレベルだったのを覚えていますね、弦楽器は」と話し、日常的にふれるオーケストラのレベルが「自分が生きていたレベルから、すごいレベルに跳ね上がったのは、間違いないですね。それは期待どおりでした」と言います。しかし、私立の音楽大学に通った人々からは、しばしば仲間や環境の物足りなさを挙げる声が共通しています。別府さんは大学内に音楽の話をする仲間がたくさんいるのかと思ったら、次のようだったと話しています。

意外とそうではなかったことというのは。Z（大学）に行ったらみんなで音楽の話、すごい音楽の面白い話をみんなでするんだろうな、と思ってたのが全然そんなことなかったですね。

みんな『カルメン』を知らなかったですね。それはびっくりしました。それは悪い意味ですごい衝撃でした。みんな音楽が好きでここにしたんじゃなくて、吹けちゃったからここにきたんだって。フルート吹いていますけど（笑）、ただ吹けちゃって、これだけやりたかったからこの大学きたんだっていう感じでしたね。それは、仲良くできないタイプだなと思いました。やっぱりブラームスの『四番』だったらあのレコードが好きだよね、とか、こないだのN響の定期公演がすごくよかったみたいな、そういう話をしたかったですけど、そういう話題がなかったですね。（別府さん）

音大仲間が音楽の話をしないという点については、弦楽器で私立の音大に入学した有田さんも同じように語っています。

音大仲間って言ったらあれですけれど、普通に切磋琢磨でもないんですよね。練習して合間で休憩中におしゃべりして、練習してごはん食べて、練習してみたいな。ヴァイオリンの場合は学校で練習せずに、実家通いの子が結構多くて。（学校で）練習しているのは、たいていチェロとかコントラバスの人たち、あとは地方の人がたまに。（略）チェロ、コントラバスの人たちと仲良くなって、コントラバスなんか吹奏楽上がりの人がたくさんいるから、「じゃあ飲みに行こうか」とかなる。（有田さん）

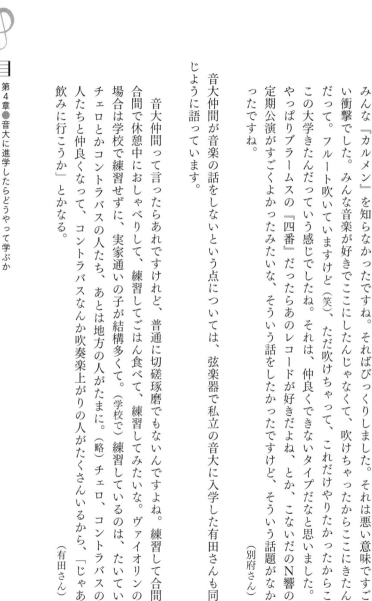

このように、音楽を語り合うというよりは、そこで練習していた友人たちが音大の仲間ということもしばしば音大では見られるようです。有田さんはこのような友人たちが、「楽器を続けている人は続けてるんですけど、演奏で食べていこうっていう強い意志をもってる人は案外多くなくって。入学した時点で演奏は趣味にしてってていう人もいましたしね」とも話しています。

管楽器や打楽器で私立音大にいった人々は、その人数の多さにふれながら、自分がやりたい演奏形態に学内で関われなかった不満もしばしば挙げています。例えば、オーケストラをやりたいと思って、本州の外から東京の私立音大に打楽器で入学した細田さんはオーケストラがやれないという事態に直面しています。

私はオケ（オーケストラ）したくて入ったんですね。当時音大にいく人っていうのは、全員オーケストラの奏者になりたいものだと思っていて。（けれども）入ったら全然そうではなくて、もちろんソロをやる人、ドラムやる人とか、いろいろな人がいて、オケのほうが少なかったですね。（略）しかも学校のカリキュラムをみると、学校のオケに乗れるっていうのは、本当に成績上位の人しかいない。乗れたとしても年に二回ぐらい本番があるかどうか。いや、それでは何もならないだろうって、入った当時、私でも思って。（細田さん）

オーケストラで演奏する機会を求めて東京の私立音大に進学したにもかかわらずチャンスがないと思った細田さんは、大学の同級生から「わりとしっかりしているアマオケ（アマチュアオーケストラ）」に誘われて、一年生の六月に入団し、「そこで勉強したことのほうが、実際学校で勉強したことよりも多かったかなーって思います」とも話しています。

また、別の私立の音楽大学に進んだ人からは、演奏の機会がないことだけでなく、個人レッスンの少なさを不満に挙げる人たちも数多くいました。音楽大学は、ほかの大学よりは教員一人あたりの学生数が少ないものの、どうしても、個人レッスンを中心に考えると、学生の人数が多く、期待していたよりも見てもらえていないように感じる人もしばしばいるようです。

だからこそ、音楽をやる場を見つけて、学外に活動の場を展開した例は、今回、インタビューした人たちにも数多く見られます。先に取り上げた「音楽の面白い話」をする仲間があまりいなかったと語っていた別府さんも、次のように、学外に活動の場を展開したと述べています。

その、音楽の話をしたいとか、もっと音楽的なやりとりがしたいとかいうのは、Z（大学）のなかで出会える何人かの友達じゃ足りないなと思いました。だからほかの学校の連中とつるんでいたりするっていう。わりとZ（大学）だけにいなかったってのは、たぶんそこからきている。（略）話をするとか、一緒に音楽やって楽しい、みたいな、話して楽しい、みたいな人たちが、必ずしもZのなかじゃなかったっていう。入ってみたらZ（大学）だけではなかったっていうことですね、きっと。（別府さん）

別府さんは、そのような経緯から学外で有志の音大生によるオーケストラを作って公演したそうです。また、別府さんはのちに現代音楽を専門にしていきますが、「そういう何人かいた友達たちがわりと集まっていたのが、現代音楽の場だったんです」とも語っています。音大生を題材として取り上げた漫画『のだめカンタービレ』[6]でも主人公たちが「ライジング・スターオーケストラ」という名前のオーケストラを立ち上げて公演を開く場面があることを知っている人も多いでしょう。別府さんは、音大生による有志のオーケストラに携わったり、現代音楽の活動を大学時代から始めたりしていました。このようなオーケストラを音大生たちが独自に企画することはしばしばあるようです。

5 どうやって音大生から音楽家として秀でていくか

冒頭に示したように、音大生から音楽家あるいは音楽で生きていくコースへの広いレールが敷かれているわけではありません。本州の外から、「選択肢がいよいよ私立しかなくなって、それでもどうにか頼み込んで、やっと東京に出てこられました」と語る曾根さんは、打楽器を勉強しに私立音大に進学したら、「まあいっぱい打楽器やってる人いて（笑）」とそのときの印象を話しています。そのうえで、曾根さんは、そこで感じた危機感を次のように語ります。

みんながみんな本気で将来絶対音楽でやっていきたいわけではないし、吹奏楽部の延長みたいな人もいっぱいいて、これはみんなと同じことやってたら絶対どうにもならなくなると思って。（曾根さん）

曾根さんは、先ほどの別府さんや有田さん同様に、周囲のメンバーがそれほど音楽を大好きだったり、仕事にしようと思っている人ばかりではなかったりすることを理解し、「それまでの生活みたいに、とにかく太鼓を練習する、練習第一」で過ごしたと言います。その結果、「内向的な人間ではなかったんですけど、どうも人との距離感がつかめなくなって」苦労しながらも、「四年あるけど長くないぞと思って」「自分なりになんか下手くそなやり方でなんとか大学生活を送って」過ごしたと言っています。この曾根さんは、そのあとに、ドイツに留学したいという希望をもち、ドイツの先生から、日本人の先生を紹介されます。そのときの十カ月のレッスンが、自身の演奏の基礎を大きく進歩させるきっかけになったと話しています。

（ドイツの）T先生に言われたのが、自分のところ来たいんだったら、まず（日本人の先生の）Rのところで勉強してこい、と。私が叩いていた奏法とは全然違うもので、だからまずは手ほどきを受けてから受験しにきなさいと。（略）すごく濃い十カ月だったんですけど、かなり手厳しくしごいてもらって。ご自身が、本当にいろんな経験されてきたのと、いろいろな先生のレッスンを受けてこられたのと、それを、その十カ月の間にとにかく、もう、惜しみなく、教えてくださって。もちろん技術的なこともそうだったんですけど、心の持ち方みたいなところも、スーゴク、えぐられて、深く突き詰めて考えるように促されて。（略）Rさんのところに行き始めて、そもそもその本当に、最初の最初の基本の基から教えてもらったんで、そしてそれをすごい積み上げていったような感覚があって。そこがなんでしょう、自分の基盤みたいなものが、そこでやっと作れた感じが、それはかなり大きかったと思います。（曾根さん）

曾根さんはその後、ドイツ諸都市で研鑽を積み、現在は中欧のオーケストラで活躍しています。このように、レッスンを通じて、大きく変わっていったことを話す音大生ももちろん複数います。また、ある本番をきっかけに自信をもてるようになったと話す人もいます。例えば、先輩に対する劣等感に悩んでいた先ほどの矢代さんは、大学四年生時に選抜演奏会で演奏する機会が大きかったと次のように語っています。

それ（劣等感）が、ちょっと、薄れた転機になったのが、大学三年生の後期試験です。四年生の学年でコンサートがあるんですよ。（略）で、三年生の後期試験が、それに対するオーディションも兼ねてるんですよね。僕の先輩たちずーっと出てなかったんですよ、このコンサートに。で、その三年生の後期試験で、僕は、運よくわりとうまく吹けて、オーディションも受かったんですよね。このコンサートに出られることになって、当時やっぱり先輩たちが出られなかったコンサートに自分が出られたっていうことで、ちょっと自分に自信がついたっていう

感じですね。　（矢代さん）

矢代さんは、このコンサートで、「すごい難しい曲を選曲」して、本番に臨んだと話してくれました。「ジャンプしないと届かないような選曲をし」て、「そこに向けて自分をこう、さらにステップアップさせたいって自分で課題をつけた」結果、「それをこなせたことによって、また自分のなかに、やっぱちょっとこう、自信が、生まれて」きたのだと言います。そして、自分の「イメージしている音」や「自分の考え方に自信がついてきて」自分のなかでの方向性が固まってきたと話してくれました。このコンサートのくだりを、矢代さんは次のようにまとめています。

相澤：なんていうか、そういうイメージが見えてきたところで、このイメージはある程度こうリニューアルしていきながら、プロの演奏家っていうのを、やっていくんだろうなっていうイメージはなんとなくできてきたっていう。
矢代さん：はい。そうですね。そのコンサートがやっぱ僕のなかですごい、大きかったんですよね、大学生活のそのなかで。

曾根さんは、学内で一生懸命練習した結果、学外の先生につくきっかけを得て、そこから大きく飛躍することができました。矢代さんは、学内の演奏会にオーディションで選ばれたことが、自信を得るきっかけになったようです。音大生が音楽家へと進歩する過程は、このように、学内外のさまざまなチャンスを自分でつかもうとするところにあると考えられます。

6 レッスンで言われたことを理解する難しさ、を理解する

先にみたように、さまざまなプロセスで音楽家として秀でるきっかけをつかむ人たちがいるものの、やはり、音大生にとって、レッスンは一歩道を進むきっかけを得るチャンスとなることが多いようです。この点に少し立ち入ってみましょう。

先ほどレッスンで苦労していた声楽家の福山さんは、大学四年生になって当時のレッスンの意味が理解できたのだと話しています。その点について、「関係ができてなかったのがやっぱりつらかったのか、それとも、言われていることがやっぱり、最初の三年間は理解できなかった？」と聞いたところ、次のように話しています。

それはあると思います。その関係ができあがってきたってことは、たぶんその人の考えていることとかがようやくわかってきたとかっていうのがあったと思うので。なのでそれまでは、その言葉……それもちょっと不親切で、具体的に受ける側がわかるように説明をしてくれないんですよ、あんまり。彼はすごく言葉を選ぶんですけど、言葉の選び方が、なんだろうな、ち

ょっと独特っていう言い方はあまりよくないと思うんですけど、選び方が先を読みすぎていて、そのときの僕にそれを言っても、わからないでしょ、みたいな言葉が結構多いと思います。なので、その言葉の意味がようやくわかるようになってきたのが、三年とか四年とかそのあたりでしたね。それまでは全然何も。（福山さん）

さらに、言葉の意味がわからなかった理由について、単語の抽象度の高さなのか、それとも難しい単語を使っているのかを質問したところ、次のように答えてくれました。

いや、抽象度が高いっていうほうだと思います。専門性が高いっていうよりも、うん、抽象的な部分が多かったり、あと歌はほかの楽器と違うところがあって。（略）自分の楽器の扱い方を見つけるにはやっぱり自分の感覚しかないっていうことを先生は自分の感覚でわかっていたから、そういう教え方になってしまうんだと思います。（福山さん）

福山さんは、声楽では、どうやって音を発するかという動作は、管楽器の種類が違うくらい個人差があると表現しています。そのため、声楽では、「自分の楽器の扱い方を見つけるにはやっぱり自分の感覚しかない」ために、どうしても教え方が「抽象度が高い」ものになってしまうのではないかと語っています。そして、そのような言葉を理解するのに時間がかかったと打ち明けています。

これに対して、自分の音を出す動作が比較的明確に理解しやすい楽器の一つである打楽器で現在、ヨーロッパのオーケストラに所属する栗山さんは、一年間の国外留学の機会を通じて、レッスンが理解できるようになった過程を次のように語っています。

僕は、技術的なスランプの時期にここ（現在所属するオーケストラ）に入ったのですが、自分でひそかに抱えていた問題がたくさんあったんです。それをやっぱり修正したくて、以前からよく知っていた、W交響楽団のV先生の門をたたきました。そこでは、非常に実りがある時期を過ごせました。オーケストラに入って見える音楽の深さって学生のころと全然違うので、留学してみて先生が言うことが百パーセントわかったんですね。学生でいたころは先生が話すことってたぶん二〇パーセントぐらいしかわかってないんです。「僕はいま言われたとおりに弾いたのになあ」とか「そこってそんなに大事だろうか？」とか思うのです。オーケストラに入って経験を積んでからだと、先生の指摘が百パーセント理解でき、共感できるんです。同じものを見ながらレッスンができるのです。先生がすばらしいということも、もちろんあります。しかし、あなたの音はいまこういう状態になっていますよ、という内容を百パーセント理解しながらレッスンを受けるのはとても楽しかったです。

（栗山さん）

栗山さんは、きわめて明快に「オーケストラに入って経験を積んでからだと、先生の指摘が百パーセント理解でき、共感できる」ようになったと話しています。また、そこでつかんだ「スランプの原因」を栗山さんは、「自分が気にしていることというのは一様にみんなが困っていることであって、誰しもそれなりの問題を抱えているということを、周りの学生たちから客観的に学びました」と語っています。音楽大学で学ぶ学生から数年を経て、職業音楽家に至った栗山さんは、自分の奏法上の問題がどこにあるのか、他人が奏法にどのように悩んでいるのかを客観的に学び取り、また、オーケストラ奏者を務めている先生のもとでレッスンを受けることにより、そのアドバイスがわかるところまで自分の認知力と感受性が高まったのではないかという見立てを示しています。

そして、栗山さんは、次のように語ります。

一つ言えるのは、自分の能力を過信することは非常に危険なのですが、周りを見すぎて自分の現状のレベルに固執して未来を信じられなくなることは、それと同じくらい危険だということです。僕の場合は偶然にもそのバランスがとれて、自分の能力のなさに打ちひしがれる勉強と、自分の才能に気づく勉強の両方が、ちょうどいいタイミングにできたと思っています。その勉強の経験があるからこそ、プロになっても主観と客観のいいバランス感覚を持ちつづけられていると思います。

（栗山さん）

才能豊かな人々が集う音楽大学では、「周りを見すぎて」「未来を信じられなくなる」状態に陥ってしまうことは決して少なくありません。また、「能力のなさに打ちひしがれる勉強」のなかで日々悩む音大生も少なくありません。そのなかで、「自分の能力のなさに打ちひしがれる勉強」と

「自分の才能に気づく勉強」の「バランス」が重要だという栗山さんの指摘は、本書で扱っている事例全体を考察するうえで大変に示唆深いものです。

7

あなたの目的に合わせて音大を使い倒そう

ここまでみてきたように、音大生が、環境面で満足できない状況に置かれることは決して少なくありません。むしろ、音大は学生が卒業後に音楽家としてやっていける道を必ずしも用意しているわけではない、というよりも、全員に用意することは不可能です。学生数が多い日本の音楽大学の環境のなかで、別の人からは、「なんか系統立ったテクニックの修得みたいなのは一切なくて、見て盗むみたいなそういう世界だった」と語る人もいました。

一方で、最後に栗山さんが語る「学生でいたころは先生が話すことってたぶん二〇パーセントぐらいしかわかってないんです」という言葉も、音大生が職業音楽家になっていく契機を見渡した場合に、きわめて重要な指摘だと考えます。

音大生の事例をみるかぎり、あなたがもし本気で音楽家になりたいと思いながら音大に通うのであるならば、あなたには自分の信じる道を進むにあたって必要なことを、大学やレッスンの先生に能動的に求め、足りない環境をどんどん学外で補うという積極的な思考が必要でしょう。一方で、音大は、学歴という称号を提供してくれます。入試が難しく、競争の厳しい音楽大学を卒業したという学歴は、日本のなかで音楽をやろうとしていくうえでは、有効にはたらくことのほうが多いし、その学歴のおかげでつながる縁もあります。それを生かしながら、音楽家として生活するための戦略は、あなた自身が立てて、それにのっとってやっていく必要があるでしょう。

注

（1）大内孝夫『「音大卒」は武器になる』ヤマハミュージックメディア、二〇一五年

（2）大内孝夫『「音大卒」の戦い方』ヤマハミュージックメディア、二〇一六年

（3）令和元年度学校基本調査。官庁統計サイトから収集。「e-Stat 政府統計の総合窓口」（https://www.e-stat.go.jp/stat-search/files?page=1&layout=datalist&cycle=0&toukei=00400001&tstat=000001011528&tclass1=000001135783&tclass2=000001135810&tclass3=000001135811&tclass4=000001135813&stat_infid=000031894022）［二〇二〇年一月十四日アクセス］

（4）実は、美術のほうがその点でかなり絞り込んでいます。同様の数字が、国立大学で十六・三倍、私立大学で三・一倍です。

（5）以下の箇所は、次の論考を大幅に改稿したものである。相澤真一「職業音楽家を目指して「卓越化」しようとする過程――音大修学経験者たちの語りから」、中京大学大学院社会学研究科編「中京大学社会学研究科社会学論集」第十八号、中京大学大学院社会学研究科、二〇一九年、四一―六五ページ

（6）二ノ宮知子『のだめカンタービレ』全二十五巻（Kissコミックス）、講談社、二〇〇一―一〇年

コラム

大学教員の側からみる音楽大学での座学の授業

相澤真一

本書ではインタビューを紹介しながら音楽で生きる人々のキャリアを追う「ライター」をやっていますが、私の本職は教育社会学を専門とする大学教員です。普段は、講義の授業と「ゼミ」と呼ばれる演習の授業を主に担当しています。

数多くの音大卒業生に話を聞きましたが、大学で何を学んだかという質問をした際に、ほとんどの人が個人レッスンでの経験、あるいは、大学での印象に残った演奏会本番の経験を挙げました。大学で学んだことがあるという点ではうれしくもある半面、私としてはちょっと悲しいことですが、大学の授業を挙げた人は誰もいませんでした。音楽大学は、決して実技の授業だけではありません。座学の授業もかなりあります。大学では卒業に必要な百二十四単位のうち、三分の一の四十単位程度、一般教養に関わる授業を取る必要がありますので、そのような一般教養の授業に音大生も出ているはずです。さらに、教職課程を履修すれば、教科、教職に関わるかなりの数の授業を座学で受けているはずです[1]。しかしながら、それらは音大生にとっては、日々打ち込む音楽活動の背景や風景みたいなものであるようです。

その存在感の薄さについて、私は嘆くつもりはありません。大学で習う学問の多くは、十八歳で受けるには難しすぎると思っています。世界のさまざまな学問は、決して、みなさんに向けていつでもわかりやすく入り口を提供していないことも確かです。音楽大学の学生が座学の授業よりも、これまで続けてきた音楽の練習に打ち込むことは自然な流れだとも思います。

しかし、数多くの音大生や音大卒業生に話を聞いていると、大変な知的刺激を受けることがしばしばあります。

本書の調査から離れて日常の場面であったことを紹介します。ベルリンの日独センターでは日本語の書籍を借りることができますが、そこでいつも読書している音大生たちに出会って、読んでいる本についてよく話し合っていました。音楽のなかで流れる時間の哲学的考察を、音大生の人たちと一晩中議論したこともあります。次から次へと繰り出される哲学の概念に、普段の研究とは頭の違うところを猛回転させながら議論についていきました。インタビュー調査のなかでも、自分が考えている先端の音楽をその人が勉強している美術の勉強との関係で紹介してくれる人にも出会いました。

音楽というのは、実はきわめて学術的な営みです。本書巻末の用語集でもふれるように、オーケストラや歌劇場の若手音楽家の研修所の意味で用いる「アカデミー」には、学術的に極める者が集うところという意味があります。音楽で、全体の流れを整え、細部を詰めていく作業は、実験や調査を通じて論文や書籍を詰めていく研究作業にも似ています。音楽大学で座学の授業を受け持っている先生たちは、その類似性に気づきながらも、授業はそっちのけで音楽に打ち込む音大生たちをきっとどこかで温かく見守りながら授業しているのではないでしょうか。

あなたの心にちょっとでも残るような授業や雑談をする先生がいたら、もしかしたら、あなたが音楽を考えるヒントを与えてくれたり、音楽に連なる知的好奇心の何かを刺激するスイッチを入れてくれるかもしれません。そういう先生の授業は真面目に聞いてみて、機会があったらその先生と直接話してみるといいでしょう。あなたにとって何か新しい視点を得るきっかけになるはずです。

本書も、そうやって音大生と大学教員がふとしたきっかけで出会い、たくさん議論した結果、生まれています。

注

(1) 音楽大学のカリキュラムが音楽を学んだ社会人にとってどのような意味があるかについては、久保田慶一『新・音楽とキャリア——音楽を通した生き方・働き方』(スタイルノート、二〇一九年)が詳しくふれています。

第5章

卒業後、どうする?

相澤真一

メッセージ

音大を卒業してからの選択が最もタフかもしれない。心身の健康を整えて、自分をプロデュースしながら、地道に良質なコネクションを作っていこう。

1 音楽大学を出たけれど

近年、音大生の卒業後の進路についての書籍が出版されているのは、逆にいえば、音楽大学を卒業してから音楽に残る道が決して平坦ではないことを意味しています。それは、第4章で書いたように、音楽大学に入れる人数に対して、音楽で仕事ができる人たちの数が決して多くないという社会構造の問題点もあります。

第6章「音大後の音大選択――海外留学の理由と事情」(髙橋かおり)から第8章「演奏以外に音楽の仕事を広げる――研究・教育・社会貢献」(髙橋かおり)で、留学や地域移動、音楽以外のキャリアなども考えていきます。本章はその前段階として、音楽大学卒業という学校から社会の移行段階での音大関係者の経験で、誰しもが多かれ少なかれ不安に感じる点と卒業後にこうしておけばよかったと振り返るポイントについて考えたいと思います。なお、ストレートに国内の大学院や留学の進学先を決めた人のことは本章では除外します。

2

日本の音楽大学のなかで奏者以外のキャリア像を得ることはなかなか難しい

日本の音楽大学のいい点は、先生たちに著名な演奏家が大変多いことです。そのことは、自分の専門技術を伸ばしていくうえでは大変にいいことだと思います。一方で、この点は、社会の接点として難しい点もはらんでいると感じます。つまり、大学時代に出会う多くの先生は、演奏家として仕事をしている人がほとんどです。また、オーケストラなどのさまざまな団体に所属している先生も多いでしょう。私たちのインタビューでも、特に人数が少ない専攻では先生のつてで奏者としてプロのオーケストラで演奏するチャンスが比較的早くめぐってきた例もあります。例えばヴァイオリン奏者の有田さんは次のように語ります。

有田さん：僕の大学は、たまたまそのOBとの関連が結構強くて、在学中からいくつかプロオケに呼んでもらえて、仕事はしていました。本当にそれは幸運なことで、まずないんです、いまどき。たまたま男の団員が少ないんで、「ちょっと行ってみないか」って。本当に幸運なことでした。

相澤：そのとき、そのまま日本のオケに就職しようとは思わなかったんですか？

有田さん：そのときにそうできたらそれはそれでよかったと思ってたんですけど、ぼちぼち（そのオーケストラの）仕事が減り始めてて。若い人とか上手な人が結構多いんで、僕はちょっと切られた感じで（笑）。

実のところ、この有田さんのようにプロのオーケストラに一時的ではあれ仕事を得られたケースは、「本当に幸運」だと考えられます。細田さんは、大学時代はオーケストラに入ることしか考えていなかった、と次のように語ります。

相澤：大学では、オケの奏者を目指す方向性みたいなことって何となく考えてたんですか？どこかで雇われるような。

細田さん：それしか考えてなかったですし、音大に入った学生は、いちばんの出世がプロオケに就職すること。それは間違っていないと思うんですけど。でも学生の意識にすごいそれがあって、教職もとるけど、音楽の先生になっちゃうのは落ちこぼれとまでは言わないけど、オーケストラに入れなかった人、音楽の道を諦めた人がいくみたいな。だからオケを目指してないわりに、それしか成功の道がないっていうのが、すごいあって。それは話を聞いているとどこの音大でもそうみたいで、それは不思議。いま思うととても不思議ですね。

私たちが細田さんにインタビューをしたのは、卒業から数年を経てからではあるものの、そのころには不思議に思えるくらい、音楽大学にいたころはみんながオーケストラや音楽の道にいくことがいちばんの出世だと考えていたそうです。一方で、細田さんは興味深いことを話していて、「日本の音大に入ると、あまりに狭き門すぎて、本当に（オーケストラに）入るためには、実際何をしたらいいのかっていうところまで考えている人、意外と少ない」とも言います。音楽を仕事にしていくために何をすべきかを考え、目指さないと実現できない厳しさが存在することは確かです。

また、第4章でも紹介したように、「うまかったら偉いっていうのがあって。それで仕事していたら偉い、みたいなところが。そういう文化があって、かなりひずんだ社会」のなかで、学内で奏者以外のキャリア像を得ることはなかなか難しいことのようです。

3

芸術でお金を稼ぐ手段は、音楽大学ではなかなか習わない

前述の議論と矛盾するように聞こえるかもしれませんが、音楽大学では、それぞれが独立した音楽家として活動していくために必要な知識を体系的に習えるかというと、そうではないことも多いのです。近年でこそ「アートマネジメント」という言葉が一般的になってきていて、多くの大学で芸術のマネジメントのあり方について、専門のコースなどで学べるようになってきました。また、近年は、働き方としての「フリーランス」が一般的に注目されるようになってきているので、フリ

ーランスの文脈から音楽家を税制などの観点から考える書籍も増えてきています。[1]しかし、「アートマネジメント」として習うオーケストラのマネジメントと、個人のソロとではマネジメントのあり方は違います。また、仮に、このようなコースが今後さらに整ったとしても、これまでもみてきたように、音大にいる間はどうしても演奏技術の修得のほうに目がいきがちなので、なかなかこういう授業や講座に関心が向かない可能性もあります。

これに対して、東京芸術大学に通った桜井さんは、音楽に関わる仕事への対価としての報酬という考え方が、基本的に音楽大学では希薄ではないかと指摘します。[2]

やっぱり芸大ですごく感じるのは、無償の労働力として使われる学生の存在ですね。例えばステマネ（ステージマネージャー）。例えば、われわれ管楽器の部署で考えるならば、吹奏楽、オーケストラもちょっとあるとして、あと学内演奏とか、卒業演奏、四年生の前期後期の試験などの演奏会中の舞台のセッティングで、全部一年生が駆り出されるんですよね。（略）それがまかり通っていて。僕はそれすごいひどいことだと思っていて。なんだったらそれ授業にしちゃえばいいと思うんですよね。

もう一つは、演奏会。特に芸大は、お金、予算っていう首根っこをつかまれていることもあり、対外的な「やってますよ」ってアピールしなきゃいけないので。すごいいろいろな人を呼んで、いろいろな演奏会を打っているんです。もちろんステマネもそうなんですけど、あと演奏者、演奏するっていうのにも、お金になるわけじゃない、単位になるわけじゃない、プレッシャーはすごい、っていうのですごい疲弊してる、感じがしますね。先生たちも、わりとそういう関係に慣れちゃってるので、お前らもやって当然だろっていうのがあって、先生たちもすごい使われている。というのがある一方で、うーん、だからそれが当然になってしまっているっていうことは、僕はものすごく問題だと思っていますね。

（桜井さん）

このように、最も高い頻度で演奏家を輩出する東京芸術大学でさえ、音楽やその関連業務に時間を使う労働に対して、対価を支払うという概念が希薄だと主張[3]します。桜井さん自身も海外で音楽を学んだ経験からこの点の問題に気づいたということなので、日本国内にいると、なかなか気づけないことは確かでしょう。

4 気持ちと身体を整えて次の一歩へのつながりを築く

卒業してからの数年間は心身両面できついことも多いでしょう。「プー太郎の時期」を過ごしたと話す打楽器の栗山さんに、それでも続けられた理由について尋ねたところ、「どうせ命をかけるならやりたいことをしたほうがいい」と、次のように話してくれました。

葛藤はもちろんありました。この時期に私は体調を崩し、三回くらい救急車で運ばれるという経験もしました。そんなこんなで両親も「この子はこの先どうなってしまうんだろう」と思っていた節がありましたが、体調不良のおかげで、どうせ命をかけるならやりたいことをしたほうがいいという考え方を家族で共有できました。自分には、絶対に音楽をなりわいとしたいという強い気持ちがありました。安定を求める気持ちとの葛藤はありましたが、続けました。自分の大学は、大学の四年が終わったあとに作曲家の先生から仕事をもらうことがあるんですよ。現代音楽の世界では、提示するギャラではベテランの奏者は雇えないけれども、その代わりにどうしてもスキルがある若者が必要なコンサートがあります。そういうのをポンポン任されていたんですね。

その機会に結構たくさんの、現代音楽を専門とされるすばらしい音楽家と一緒に演奏する機会がありました。そういう仕事がちょっとあって、もちろん生計が立てられるほどではないんですが、音楽的なモチベーションを保てるような機会があったんです。現代音楽というのは反骨精神も必要なので、「自分が稼げないのは社会が悪い」的なマインドも学びました。

（栗山さん）

このように、栗山さんは体調不良を抱えながらも、むしろ音楽に向き合う姿勢ができあがっていったと言います。本書では、坂本光太さんが、演奏家のキャリアのなかで身体コンディションを整える方法を第10章「演奏家の健康について」にまとめましたので、ぜひそちらも参考にしてください。

また、「自分が稼げないのは社会が悪い」という観点を学ぶことは、きわめて興味深い契機だと考えます。社会学は、「自分が稼げないのは社会が悪い」という観点のように、社会の問題は個人に由来するのではなく、社会に由来するのではないかと考える学問です。音楽の世界でがんばっている人に、自分を責めるのではなく、社会にもっといろいろな形で問いかけてほしいと思うことがしばしばあります。たくさんの音楽大学があるにもかかわらず音楽の仕事がない、という状況もこれは社会構造の問題です。その点を自分の問題として抱え込まない考え方を知るだけでも、もしかしたら楽になるのではないでしょうか。

なお、栗山さんは、この時期を振り返って次のように語ります。

相澤：生計は立てられないけどっていう話はありましたけど、生計を立てないといけないというプレッシャーはそのころありましたか？

栗山さん：ありました。だけどその時期が僕にとっては結構大事な時期で、いろんなプロの演奏家とコネクションを作ったりとか、作曲の先生と非常に密接な関係を築くことができて。ともかく学生よりも時間だけはあったので。現代音楽ってものすごく準備時間がいりますよね。現代音楽のコンサートは、聴きにきてくださる人たちの耳のレベルも非常に高いので、本気で準備をして本番に臨むと、やったらやっただけの評価を受けられる。演奏会の出来が雑誌とかにも載るわけですよ。それに生きがいを感じました。そういうことで自分のプライドを保ちながら、良質なコネクションをたくさんもった。ヨーロッパに行ったときは、文化庁の奨学金の申請を出していたんですけれど、現代音楽の分野での活動のかいがあってそれが通りました。

栗山さんが話すように、生計は立てられないけれども、学生のころよりもたくさんある時間を使って、さまざまな公演での演奏に十分な準備をし、良質なコネクションをたくさんもったことが、その後のキャリアにつながったと話す人たちは、本書のインタビューでもしばしば見られました。

特に、ポジションを得るのが難しい指揮を勉強して、卒業してからコンクールを受けながらコネクションを作る何年かが大変重要な期間だった、と話す人にしばしば出会いました。

5 「卒業」のプロフィールの先を自分でプロデュースする

指揮の国際コンクールで入賞したことがある角谷さんは、ヨーロッパの音楽大学に通うなかで、マネジメントの授業があることに気づき、そこで自分をプロモートすることの重要性に気づいたと話しています。

僕は日本にいたときとかこっちに来てしばらくのころは、例えば「Facebook」一つにしてもすごく嫌悪感がありました。自分から「仕事ください」っていうのはどんな形でもとにかく仕事を取りにいくっていうことがものすごく嫌いだったんですね。本当に実力があったら向こうからきてくれるはずだ、と思い込んでいたんです。これはある意味で大事なことではあるけど、ある意味では甘い考え方、ある意味では……間違っていることなんですよね（笑）。やっぱり自分をプロモートすることの重要性、どう見せるかっていうことも。それにはやっぱりテクニックは必要でしょう。いわゆるプロフェッショナルな人のアドバイスが必要。（角谷さん）

角谷さんはこうして「Facebook」などのSNSで積極的に自分をプロモートするなかで、多くの人に知られる努力をしていくようになりました。そして、それがさまざまな活動に結び付いていくと話します。また、角谷さんは、留学を経たあとに、出身地周辺の地域の学校八十校くらいに履歴書と「一緒に音楽をやってみませんか？」という案内と「普通にプロとして活動している値段ではなくて、学校が出せる謝礼」の価格設定で案内を送ったそうです。そうしたら、「意外とコンタクトがあって」、コンタクトが十五校、そのうちスケジュール調整ができた十校ほどに回ってレッスンしたといいます。

このようにSNSでもアナログでも地道にコンタクトを作る活動が、そのあとのつながりに発展していくこともあるようです。ほかに、「Instagram」や「YouTube」を用いて演奏活動を紹介する人もいれば、「note」を用いて情報を発信する人も増えていて、音大卒業生が自分をプロデュースする重要性は増してきています。

近年、音楽家が自分をどうマネジメントしていくかについての研究も、新しい成果が出版され始めています。例えば、『クラシック音楽家のためのセルフマネジメント・ハンドブック[4]』はソーシャル・メディアの生かし方、プロフィル、写真や動画の活用の仕方など、実践的なアドバイスをさまざまに示しています。また、もう少し抽象的なキャリア戦略については、『音大生のキャリア戦略[5]』という書籍もあります。どちらも近年海外で出版された書籍の翻訳であり、ある意味で、音大卒業生のキャリアに関心を寄せている世界的な傾向を含意しているのかもしれません。

6 やはり厳しい道ではあるけれども

現在、音楽の世界は、技術的にはきわめて高度化し、ポジションを得る競争は激化しています。また、本章ではふれてきませんでしたが、卒業後に直面する問題がもう一つあります。練習環境です。地方から音楽大学に進学した人には、卒業後どこに暮らすかは切実な問題でしょう。一方で、卒業後の仕事は都市圏のほうがありますし、通った音楽大学のコネクションを生かして演奏の仕事を探すならば、なおさらその音楽大学がある地域に住んでいたほうが有利です。

あなたがいる社会的環境のなかで、音楽をどう続けるかという選択が迫られるのが音大卒業というタイミングです。そこで選んだ具体的な選択肢について、次の章でもう少しみていきましょう。

注

(1) 例えば、久保田慶一『大学では教えてくれない音大・美大卒業生のためのフリーランスの教科書』(ヤマハミュージックエンタテインメントホールディングス出版部、二〇一八年)、栗原邦夫『オンカク――音楽家、指導者、フリーランスのための確定申告・税金ガイド』(音楽之友社、二〇一九年)など。

(2) オーケストラのマネジメントについては、プロのオーケストラ奏者から大学の研究の世界に転身した大木裕子氏がいくつも優れた研究を発表しています。

(3) すでにこの点については、芸術社会学者の吉澤弥生氏が『芸術は社会を変えるか?――文化生産の社会学からの接近』(〔青弓社ライブラリー〕、青弓社、二〇一一年)で美術のアートプロジェクトでの労働について第五章で言及しています。

(4) 石田麻子監修、ベルンハルト・ケレス/ベッティーナ・メーネ『クラシック音楽家のためのセルフマネジメント・ハンドブック』後藤菜穂子訳、アルテスパブリッシング、二〇二〇年

(5) ドーン・ベネット編著『音大生のキャリア戦略――音楽の世界でこれからを生き抜いてゆく君へ』久保田慶一編訳、春秋社、二〇一八年

コラム

音楽とジェンダー

――男女の(アン)バランスを考える

髙橋かおり

オーケストラや室内楽、オペラやミュージカルなど、さまざまな種類のコンサートに行ったり映像で見たりすると、楽器ごとの男女比の違いに気づくことがあります。あるいは大学に入って、自分の科とほかの科では男女比が違うな、と漠然と感じることもあるでしょう。あるいは、女子学生が多い楽器でも先生には男性が多いのはなぜだろう、と思う人もいるかもしれません。

演奏がうまければ、音楽の実力が認められれば、性別や出身地、年齢は関係ないと思いたいところですが、実際はそうともかぎりません。女性が初めて主要なオーケストラの団員に採用されたのは一九一三年です。しかし例えばウィーン・フィルハーモニー管弦楽団の場合、二〇一九年時点で百四十五人中女性はわずか十五人であり、加えて一九九〇年代に入るまで女性はオーディションを受けることさえできませんでした。(1)

もちろん状況は変わりつつあります。オーケストラ団員の審査では、ある時点までブラインド審査を取り入れる楽団もあります。ブラインド審査とは、審査員がいる客席と演奏者がいる舞台の間にカーテンをしたり床に絨毯を敷いたりして、容姿や足音の情報を審査者から遮断する方式です。

加えて、二〇一七年以降に世界的に広がった#MeToo運動も大きな転換点になっています。この運動をきっかけに、音楽に限らず芸術業界でのジェンダー問題やハラスメントを表立って議論するようになりました。音楽祭や芸術祭、美術展で、参加者の男女比を半々にする声明を出すところも少なくありません。

この変化に伴って、音楽業界では世代間格差（ジェネレーションギャップ）が生じています。認識や意識の問題がある一方で、そもそもの構造的な問題は避けて通れません。数の問題として、「学生は女性が大半を占めるのに、教員は男性がほとんど」という現実があります。在学生の男女比を公表している音大の情報をみていきましょう。東京芸術大学音楽学部の二〇二〇年度在学生のうちの女子学生比率は六五パーセント（千人中六百五十三人）で、男性が半数を超えるのは作曲科と指揮科だけです。大学院（修士課程・博士課程）の在籍学生も六〇パーセント強を女性が占めます。あるいは、桐朋学園大学音楽学部の場合、二〇年度学部在学生のうち女性は八五パーセント（六百六十五人中五百六十七人）です。

それに対して教員の大半は男性です。東京芸術大学音楽学部では八十一人のうち二十七人、桐朋学園大学音楽学部では四十四人のうち十七人と、専任教員のうちで女性の占める割合はそれぞれ全体の三〇パーセント[(2)]にとどまります。

年上の教える側は男性が多く、年下の教わる側は女性が多い。この場合二つの問題が考えられます。

第一に指導でのハラスメントの問題です。例えば、演奏は身体を使っておこなうため、指導者が演奏者の身体に触れることがあります。あるいは、レッスンは指導者と演奏者が一対一で、防音された密室でおこなうことがしばしばあります。このような条件は、ハラスメントの温床になりかねません。なかには立場を利用して意図的にハラスメントをおこなう人もいるでしょう。他方、意図せずしてハラスメントになってしまう場合もあります。対策として、防音室にのぞき窓を整備する大学や、指導時に身体に触れないことを明言する教員もいます。安心して演奏するために、このような点も大学や指導者を選ぶ際の参考にしてみてください。そして、危険や不安を感じたら第三者に相談しましょう。ハラスメントの相談窓口を設置する大学も増えました。そのほかにも、先輩や身近な人に話をしてみることは大切です。

第二に、特に女子学生にとってロールモデルが見つけにくい問題があります。このまま演奏活動を続けていってどうなるのだろう、オーケストラ団員にも大学教員にも女性が少ないのならば、いったい誰を手本にすればいいのだろうか。そう悩むかもしれません。あるいは、結婚したり子どもを育てたりしたら演奏活動の一線を退かなければいけないのか、そう不安に思う人もいるかもしれません（もちろん男性でもさまざまな悩みはありえます）。

残念なことに、この不安を完全に解消できる答えを示すことはできません。けれども、そのような悩みは一人だけが抱え込むべき問題ではありません。ほかの人と共有し積極的に話題にすることで、さまざまな知見や気づきを得ることができるでしょう。なかには心ない発言をしてくる人もいるかもしれませんが、気にしすぎないようにしてください。

本コラムでは、ジェンダー（社会的性別）、なかでも男女の違いを取り上げてきました。ジェンダーは男女だけに限らず、性的少数者（セクシャルマイノリティ、ＬＧＢＴＱ＋）の人もいます。また、人種や国籍など、その人の出自に関わる問題（エスニシティ）もあります。あるいは、障害やハンディキャップを抱えながら音楽の道を歩む人もいます。同じ音楽家でありながらさまざまな背景をもつ人がいます。これは、これからの時代、どのような仕事を選んでも出合う現実です。だからこそ、それぞれの困難や問題を共有して一つずつ解決していくことは、音楽を生み出す環境をよりいいものにし、音楽をより楽しめる人生とするために、避けては通れないことでしょう。

注

（1）Farah Nayeri, "When an Orchestra Was No Place for a Woman", *New York Times*, 2019,12,23. (https://www.nytimes.com/2019/12/23/arts/music/women-vienna-philharmonic.html)［二〇二〇年十月十七日アクセス］

（2）学生、教員ともに各大学のウェブサイトで確認できる情報を記載。

第6章

音大後の音大選択

――海外留学の理由と事情

高橋かおり

メッセージ

どの国で、どんな先生について、どんなふうに音楽と関わりたいのか。留学を具現化する第一歩はそこからです。

はじめに
――二度目以降の音大選択

少なからぬ音大生が、音大卒業後「プロの演奏者になる」になることを目指しています。けれども、卒業後すぐに演奏だけで収入を得られる人はわずかです。ここでみなさんのなかに疑問が浮かんでくるでしょう。

「では、卒業後すぐにプロの演奏者にならない人は何をしているのだろうか？」

その答えの一つが海外留学です。学校基本調査で、二〇一九年度の学部卒業生の卒業後の進路をみてみましょう。学部卒業生全体では「専修学校・外国の学校等の入学者」の割合は〇・九パーセントです。音楽系学部卒業生の場合この割合は六・三パーセントになって、同じ芸術関係の美術（二・六パーセント）やデザイン（一・一パーセント）よりも多いのです。この傾向は(国内大学院への)進学率でも同様です。学生として学校に残る人の割合は、音楽ではほかの芸術分野と比べて高いのです。

本章では、海外の大学や大学院を受験するまでの経緯と準備についてみていきます。なお、二〇一〇年代のドイツ語圏への留学が主な事例です。そのほかの国や最新の情報については読者のみなさんの関心に応じて随時更新していってください。

1

留学への意識
——国か先生か

音楽を学んでいる人が、「海外留学をしたい」「海外で研鑽を積みたい」という考えるきっかけはさまざまです。幼少期から海外オーケストラの演奏を聴き込んでいて、オーケストラに就職をするなら海外で、と決めていた栗山さんのような例もあれば、本人に留学する気はなかったのに周りの勧めで留学せざるをえなくなった（急いで付け加えれば、留学後は非常に充実していたと話す）西本さんのような例もあります。この二人は極端な例ですが、漠然とした思いから具体的な行動に移す際、留学先を国から選ぶ場合と、師事する先生から決める場合の二つの絞り方があります。

留学先の国を選択する基準としては、自身が演奏したい音楽の種類や技法、好きな演奏家の出身地などを理由に、好きなものを伸ばすことを選ぶ人もいれば、自分に足りない要素を補う観点から選ぶ人もいます。ヨーロッパを選ぶ人のなかには、「クラシックの本場で勉強してみたい」という思いをもつ人も多いです。

留学するならドイツって決めていて、何でドイツにしたのってよく聞かれる。まあなんとなくっていうのもあるし、ベルリンフィルがある、オケも多いし、なんとなくドイツのスタイルのほうが私は好きで、フランスの軽いやつよりは、打楽器だからちゃんと鳴らせるほうがいいかなって、好きかなと思って。

（細田さん）

楽器で留学といえば、ほぼ八割方がドイツなんです。それなのに、なぜフィンランドを目指したかというと、まず一つはドイツに行きたくなかった。当時教わってた先生がドイツのスタイルだったので、そろそろ自分のなかに新しい空気を入れたかったというのがあります。（略：フィンランドのオーケストラの日本公演時に）興味をもって楽屋に突撃し、ティンパニ奏者に会って、そのときはちょこっと話しただけだったんですけど、それがフィンランドに留学したら面白いかもと思った最初の瞬間でした。

（栗山さん）

場所を早く決めなきゃ、と思って。自分の好きな作曲家は誰だって、ドイツ人多いからじゃあドイツね、ってなって。で、ドイツでどこ行こっかな、ってなったときに、いちばんいいオーケストラがあるのはやっぱベルリン。か、まあライプツィッヒだけど、まーベルリンは首都だし、行こうって。安易にベルリンにきたっていうのが。

（西本さん）

この三人は、「好き」や「面白い」といった感覚をもとに留学する国を決めています。次に挙げる曾根さんも、ドイツでの留学を考えたあとに先生を探しています。

当時大学で教わっていた先生に、オペラを勉強したいんです、って相談したんです。先生はドイツに留学していた人なのでとても詳しくて。ドイツは、それぞれの街のテアター（劇場）にアカデミー（研修所）とか研修員とかっていうのがあってね……という話をそこで初めて聞いて、具体的にドイツ行こうって思って。とはいっても、日本にいて、どこにどんな先生がいるのかも全くわからなくて、でもわからないなりに、とりあえず、そのドイツの音大のウェブサイトを見て、うーん、この名前の人が打楽器の先生らしい、となったら片っ端からプロフィールを探してみたりとかして。（曾根さん）

曾根さんは、オペラの勉強を考えた際、まず先生に相談したことでドイツの情報を得ます。そこでドイツの制度に魅力を感じ、具体的な候補を挙げるためにドイツ国内の音大を調べています。このように国や都市を先に決めた場合、そのあと付近の音大でつきたい先生を決めることになります。複数の候補を見つけたうえで、メールでのやりとりや実際のレッスンを通して、出願するかどうかを決めます。

一方、教わりたい先生が先に決まる場合もあります。矢代さんの場合、日本にたまたま来ていた海外の演奏家との出会いが留学の決め手になっています。

大学院に行くかもちょっと考えて、結局留学を選んだときに、海外から先生が来たんですよね。はい、五月に。当時音大生はあんまりその先生と関わりをもとうとしなくて、英語で話すの怖いみたいなところがちょっとあって。で、僕も全然英語しゃべれなかったんですけど、なんとかその彼とコミュニケーションとろうとがんばってたんですよね、お昼ごはん一緒に食べたりとか、彼の代奏もしたので、僕。いろいろ、交流する機会があって、で、彼のところにも、行ってみたいなあってちょっと思い始めて。

（矢代さん）

矢代さんは別の国の先生も候補に挙げていましたが、実際に受けた個人レッスンの経験をもとに、留学先を絞りました。

もちろん、当初の希望どおりの場所や学校に行けない、あるいは教わりたい先生につけない場合もあります。そのような心配はまずはおいておきましょう。先生などから情報を得、自分のやりたいことを考えたうえで、どの国・都市で学びたいか、どの学校・先生に学びたいのかを具体化していくなかで、留学が単なる憧れから現実へと変わるのです。

2

留学の種類
――いつ、どのようにしていくのか

次に留学の種類についてみていきましょう。音楽で「留学」という場合、本章では次の三つに分けてみていきます。

①音大学部留学（学生ビザ）

まずは、海外の音大に入学する場合です。これは、日本で高校を卒業したあとに直接大学（あるいはディプロマ）に入学します。もちろん、音楽を学ぶため高校卒業以前に海外渡航する人もいますし、日本の音大に籍を置いて交換留学や短期留学をする人もいます。

まず、アメリカでディプロマコースに入学した藁池さんの事例をみてみましょう。藁池さんは、音楽高校に進学したものの、国内の音大にいくことに積極的になれませんでした。「建物も同じだし、先生も一緒だし、同級生もずーっと一緒で、つまらないみたいな感じがあったから」、親は藁池さんに対して「娘は、特にその大学にそのままいかなくても、べつにどこでもいいんじゃないか」という感覚をもつようになります。そこで、両親の知り合いの演奏家のつてを頼って藁池さんは日本を離れます。初めは大学の学部学生を目指して語学も勉強していましたが、演奏に集中する

ため、実技を中心に教わるディプロマのコースに入学することにしました。

一方、日本の音大を辞めたのち、海外の音大に学部から入り直す例もあります。現在は指揮者として活躍する別府さんは、トロンボーンを学ぶために通っていた日本の音大を二年次終了で中退します。しかし大学を辞める前に受けていたオーディションに合格したことから、ある若手演奏者向けの国際オーケストラに参加することになりました。それを最後の演奏機会と決めていた別府さんでしたが、そこでの経験が彼の転機になりました。

みんなすごい吹ける子たちで。そのなかの会話で、ヨーロッパにいる子もいっぱいいるんですけど。そのなかの会話は卒業したら、どこの国行く？だったんです。学部を出て、さあマスター（修士課程）をどこにとりにいくって。アメリカかなあ、英語できるし、みたいな。俺もうジュリアード（音楽院、アメリカの有名な音大）に決まってるよとか（笑）。なんかオーケストラやりたいな、ドイツかな、みたいな。そういう会話が。でお前はどうなの？みたいな話する。全部英語なんですけれども。で、そういうときに何も考えたことなかったなあと思って。よく考えたら日本で悲観してたことよりも、パパッと、外に行ったほうがいいのかな、と。まあそのときに、ドイツは学費タダ、っていうのは知っていたので。そのほうがいいんじゃないかな、と思って。帰ってきて、すぐ準備しました。

（別府さん）

そして別府さんはこのオーケストラが終了したあと、音楽を学び直すためドイツの音大に入学します。
音楽高校から続く環境を変えたかった藁池さん、ドイツで再び音楽をやり直そうと決めた別府さんの二人に共通するのは、自分を取り巻く状況を変えたいという思いです。友人や学校での関係をしがらみとする場合、比較的早い段階で日本を出て、新たな出会いを求めます。逆に、日本での関係性をつながりととらえた場合、日本の音大で学部を出ていないことが卒業後に不利にはたらくことになります。

相澤：日本のオーケストラに戻ってこようとは思わなかったんですか？

藁池さん：それは、高校を卒業して留学した（音楽高校の同級生）組が、日本に戻った人たちから話を聞くと、なんかこう、わりと差別、差別っていうか、いじめられる系のこう、「あなた留学したんでしょ」みたいな、ピシッときついことを言われたりとか。アメリカとかヨーロッパだとちょっと早く行って練習しとこうとか、自分のパートをさらっておこうとか思うじゃないですか。それも日本でやると、「あなた早くきて、練習してるところを見せたいから練習してるんでしょ」みたいな感じで言われるって聞いて、いや、そういうところには戻れないなと思いました。

卒業後の進路を問われた際の藁池さんの言葉には、日本の音大のつながりの強さとともに、そこにはもう戻れないという彼女の考えが表れています。

音楽の専門教育は日本国外でも受けられ、海外のほうがレベルが高い場合がある一方、どこで音楽の専門教育を受けたのかは、卒業後に働く場所の選択に影響するのです。

②音大修士課程留学（学生ビザ）

留学の第二の方法は、学部ではなく音大の修士課程（マスター）への入学を目指す場合です。とりわけドイツでは、すでに音大卒で学士号をもっている場合、同じ専門で学士課程（バチェラー）から入り直すことは認められないことがほとんどです。これは修士課程でも同様です。なかには、日本の音大に籍を残して海外の大学院に入学し、それぞれ学位を目指す工夫をする人もいます。レッスンや試験で「学部だったらいいけどマスターはちょっと厳しいかな」（細田さん）と言われたとしても、制度上、学部からは入れないのです。

また、海外の音大受験に際してもう一つ問題になるのが、学生の受け入れ枠、ドイツ語でいえばプラッツです。入試で合格点に達していても、つきたい先生のプラッツに空きがなければ入学できません。特に、修士課程から入る場合、プラッツが限られていることはしばしばあります。

日本の大学を卒業しちゃったんで、バチェラーを受けられないと思って。ドイツはそこらへん結構徹底してるみたいで、まーマスターだろうって。でもそれはそれで厳しかったんですよ。マスターの生徒はバチェラーからとってくるんで、マスターは余りもの。余った枠でっていう感じだったんで。（有田さん）

受験準備をして。スイスも受けたんですよね、そのとき。でもスイスでは点は足りたけど、プラッツがなくてみたいな、日本にいればすごいことなんですけど。（細田さん）

受験生によっては、受験前にプラッツの空きを確認するフォアシュピールをおこなうこともあります。自身がつきたい先生が学生を受け入れているのか、また自分が入学できる枠があるのか、受験の出願をする前に、先生本人やすでに先生についているほかの学生に確認して情報を得ましょう。

③受験のための渡航（ドイツの場合、ワーキングホリデービザまたは受験準備ビザ）

最後の方法は、受験準備のために海外滞在したものの、正規に学校に入学せず帰国した「留学」[1]です。いくつかの学校を受験する場合、そのつど渡航すると費用がかかります。あるいは、試験に一度失敗しても、次の受験のタイミングまで現地で先生からレッスンを受けられる場合もあります。例えば細田さんが専門とする打楽器は練習場所の確保が大変であり、大学卒業後は「日本にいても学校に入ってないと、練習もできない」状況でした。そのために、渡航したほうが「語学も慣れることができていい」と考えて、受験準備の段階で渡航しました。

ドイツには、学校に入る準備のために取得できる受験準備ビザがあります。あるいは、三十歳以下であれば取得権利があるワーキングホリデーのビザを利用して現地で受験準備をする人もいます。

相澤：受験準備ビザをとって、準備っていうことのイメージはもうついていたんですか？

堂本さん：えっと、いま私実は、ワーキングホリデーできていまして。こっちにきてからビザを取るのに苦労してるっていうのをよく聞くから。日本にいる間にとれるビザを取ったほうが楽なんじゃないかって。で、僕も来年で二十九になるから。あれ三十までなんですよね？

相澤：そうですね。

堂本さん：だから、出し惜しみをしても、まあどうせ有効期限が切れちゃうから、チャチャッと使おうって。

相澤：あ、じゃあもう一年間、ほんとワーキングホリデーできた、ということで入ってきちゃった。

堂本さん：そうです。だからビザの面ではもうストレスフリーで。

受験準備やワーキングホリデービザで滞在しながら現地で入試に向けた準備ができるとはいえ、それにも期限はあります。すべての人が入試に合格できるとはかぎりません。正規の学生にならずに帰国する人もいます。そのような人は海外で過ごした日々をどうとらえているのでしょうか。

相澤：ドイツで経験を積みながら日本に帰ろうと思ってるわけじゃないですか。それはどういうふうなキャリアで積んだという方向で戻るつもりなのですか？

有田さん：留学してました、としか言えないですね。プロオケというものに乗っていたわけでもなく、大学を卒業したわけでもなく、行ってましたぐらいしか言えないのがなんとも言えないんですけど。「ああ、すごいわね」で終わるところはあると思いますね。

有田さんは、海外に行き、レッスンを受け、受験していた経験を指して「留学」と言っています。これは留学の定義からすればかなり広い解釈でしょう。学位を取得せずに帰っても、学びや気づき、あるいは成長があればその人にとってその経験は留学になりえるのです。

3

留学への準備
——語学・情報・金銭

ここまでは、海外で学ぶために決断する過程や、その際の選択肢など、主に心構えについて紹介してきました。では、実際には何が必要なのでしょうか。音楽的な技能についてはもちろんですが、そのほかに留学準備で必要な三つの要素——語学・情報・金銭——を確認していきます。

まず語学です。これはみな大なり小なり苦労しています。なかには技術では足りていても語学の試験で基準点を超えることができず、志望の学校に入学できなかった人もいます。音楽は言葉を用いなくてもできる表現方法ではありますが、学校でのレッスンに言葉は不可欠です。あるいは指揮者にとって言葉はコミュニケーションツールとして必須ですし、言葉で表現する声楽家は、言語の発音や理解に高度なレベルが求められます。

どの程度の語学力が求められるかは先生や大学によりますが、なかには次のように言われた人もいます。

> ある先生は、もうほんとに、出会って早々、最初十五分間ずっと君は、毎朝二時間ドイツ語を勉強しなくてはいけない、毎朝だって十五分間ずっと語られました。二時間だぞ二時間って。（堂本さん）

一方、現地の文化を学ぶほうが大切であり、語学学校に行くなら自分とレッスンで話せばいい、と先生に言われた西本さんのような事例もあります。必要な語学力は専門や国、学校や先生次第ですが、できるにこしたことはありません。また、ドイツやフランスに留学しても、国際的に使用されている英語が必要になる場面もあります。どの言語を主たるコミュニケーションツールとするのかは、交流する人々や自分が得る演奏機会にも関わってきます。

次に情報です。日本人が多く留学しているところであれば人づての情報を得ることもできますし、いまの時代はインターネットを通じて得られる情報もあります。受験校や留学する国を決めるときも、すでに在籍している学生や、実際につきたい先生から情報を得ることは重要です。ただし、とりわけインターネットの情報には真偽不明だったり古すぎたりするものもありますので、見極めには注意が必要です。

海外への留学経験がある先生や海外で教えている先生に日本でレッスンを受けることで、留学に向けての情報や知識を得て心構えをすることもできます。

九五ページから九六ページでも引用した曽根さんの日本でのレッスン経験は、留学してからのギャップや落差を埋める効果をもっていました。実技面でも、日本にいながらにしてできる準備があります。

最後に金銭面です。ドイツのように、大学の学費がほとんどかからない場所も確かにあります。それでも受験準備のためのレッスン代、渡航費、生活費などの費用は必要です。奨学金を得たり、親族からの援助を得たりする場合もあります。なかには、留学前に音楽とは直接関係がないアルバイトをして貯金する人もいます。これはそれぞれの人の状況によりますが、お金はあるにこしたことはありません。ほかの受験準備の兼ね合いを考えて計画的に準備しましょう。

4 留学を選択することの意味

ここまでは、海外で音楽を学ぶまでの道筋についてみてきました。海外に行くことには、日本では学べないことがある、もっと実力をつけたいといったポジティブな動機がある一方、「逃げ」や

「現実逃避」というネガティブな表現をされる場合もあります。栗山さんは、留学をしたかった自分を次のように振り返っています。

現実逃避もありますね、自分は海外に留学するんだ、日本だと理解されないけど、海外ではもっとやれることがあるはずだ、というような。自己暗示ではないですけれど、そういう感じはありましたね。

（栗山さん）

情報が増えるなかで留学事情も変わってきています。栗山さんが受験準備をして留学した二〇一〇年前後は、「情報がなくまだギリギリ海外に夢がもて」たころだと言います。「現実を知らないから、なんとかなるだろうという楽観視もあった」と話していました。栗山さんは自身の留学経験を振り返って、「誰にでもチャンスがあると僕は思っています」とまとめながらも、現在の学生に対して次のようなメッセージを送っています。

留学にはお金もかかりますのでチャレンジすることへのハードルは高いです。しかし近年の学生たちは、留学した後に現地で仕事を得ることに対して、ほとんど不可能だと決めつけている節があり、クラシック音楽の「水物の現実」を、理解していないという感じがします。オーディションでの国籍によるふるい落としなどは、年々厳しくなってきている感がありますし、ヨーロッパではオーケストラの正団員のポストはもちろん、代理奏者やオーケストラアカデミー、さらには音楽学校での入試ですら非常に競争率が高くなってきています。しかし、繰り返しになりますが、音楽の世界の人事採用はあくまで水物なんですね。技術があって賢いからといって、必ずしもオーディションに通るわけではない。自分には運がありました。技術がなくて頭の回転が鈍い私のようなタイプが仕事を得られることもある。努力次第で誰にでもチャンスがあると僕は思っています。（栗山さん）

留学をすることで技術や経験、人脈などは確かに蓄積されます。しかし、留学したからといって必ずしも成功や結果に結び付くわけではありません。第7章「演奏家の移動と定住――世界を舞台に生きる工夫」（髙橋かおり）でもまた扱いますが、各地のオーディションを受け続け、そしてそれに合格するということは、単なる実力ではない何かも作用します。

栗山さんは自身が最終的に海外で就職できた理由を次のように分析していました。一〇一ページでも引用しましたが再びみてみましょう。

一つ言えるのは、自分の能力を過信することは非常に危険なのですが、周りを見すぎて自分の現状のレベルに固執して未来を信じられなくなることは、それと同じくらい危険だということです。僕の場合は偶然にもそのバランスがとれて、自分の能力のなさに打ちひしがれる勉強と、自分の才能に気づく勉強の両方が、ちょうどいいタイミングにできたと思っています。その勉強の経験があるからこそ、プロになっても主観と客観のいいバランス感覚を持ちつづけられているとと思います。もし日本で卒業後にいきなり海千山千の奏者たちと舞台に上がっていたら、一瞬でつぶれていたでしょうね。

（栗山さん）

学校は、技術を磨く場であると同時に人と出会える場所です。とりわけ海外の大学が二カ所目以降の大学になる場合、音楽的技術やレベルの問題だけではなく、自分の状況を理解したうえで現状を改善するために渡航先や入学先を決めます。どこで習いたいのか、誰に習いたいのかを決めながら、自分がどのように音楽と向き合うのかを確認することは、自分と音楽の関係を見つめ直す機会になります。ときに天に運を任せることもありますが、その偶然を含めて、現時点での自分の到達点として受け入れていきましょう。

注

（1）二〇〇〇年前後にダンスやアートの活動をするため、主にワーキングホリデーで英語圏に移住した若者を追った研究書として以下があります。藤田結子『文化移民——越境する日本の若者とメディア』新曜社、二〇〇八年

コラム

「のだめ」とそれを支えるネットワーク

相澤真一

ベルリンで音大生たちといろいろな話を始めたころ、私が感じたことの一つは、「のだめはいる」でした。「のだめ」とは、知っている人も多いでしょうが、二ノ宮知子氏の漫画『のだめカンタービレ』（全二十五巻〔Kissコミックス〕、講談社、二〇〇一―一〇年）のヒロインです。そこで織り成す「のだめ」こと野田恵と千秋真一のラブコメディーのエピソードに似たような話が、彼らの話題に随所に出てきて驚きました。

とはいえ、音楽大学に学ぶみなさんの名誉のためにはっきり述べておきますが、まさに「のだめ」という存在のような人がいたわけではありません。みなさんのいろいろなトラブル、エピソードを組み合わせると、のだめという人が出てくるのだなと思います。

例えば、『のだめカンタービレ』第十一巻で、のだめがその日からパリのコンセルヴァトワールの授業が始まるのに、それを知らなかったというシーンがあります。そこで「でも……入学式のお知らせなんて来てなかったですヨ……」(1)とのだめが話します。留学すると、外国語での慣れない事務手続きに追われることになります。住民登録、ビザの取得は、みんな経験します。さらに、大学に通い始めれば、学籍登録、レッスン室やレッスンの予約に始まり、卒業リサイタルのセッティング、修了まで、ずっとそのような作業があります。また、無事であることが望ましいですが、病院にかかると、医療に関わる事務作業を体がつらいのにしなければならなくなります。ヨーロッパは自転車で移動しやすい都市が多いですが、本書のために話を聞いたなかでも、自転車運転中に骨折して手術したという人もいました。

それでも、音大生がすごいと思うのは、そこのなかで、「みんなでがんばってやっていこう」というとても前向きなネットワークを自分たちで作っていくことでした。実際には、海外にはそのような前向きなネットワークばかりではなく、ネガティブな世界もあります。例えば、最初の一年、あるいはつなぎの一年をワーキングホリデーで過ごす人は多いものの、ワーキングホリデー中の若者を最低賃金以下で働かせるトラブルがメディアで報じられています。(2) ヨーロッパの大都市はしばしば住居不足(3)なので、住居に関するトラブルも起きています。『のだめカンタービレ』でもしばしば出てきますが、お互いの家に寝泊まりしあいながら助け合う音大生の姿を、ベルリンだけではなくヨーロッパのいろいろな都市でしばしば見てきました。

つまり、みんなが「のだめ」のようにトラブルに直面するかもしれないけど、みんなが千秋のように解決しあう仲間（必ずしも日本人だけでなく）となって協力していくことが大切だと、私自身も住みながら本当いろいろなところで感じました。

さて、どうやら「あるある」らしい事案を一つ挙げて、注意を喚起しておきます。国立の東京芸術大学を目指していたものの、浪人中に誰も教えてくれなかったので、センター試験（二〇二一年度以降の大学入学共通テストに該当）の申し込みを忘れて、結果として二浪したという人も今回の話のなかで聞きました。どうぞみなさんも気をつけてください。

注

（1）『のだめカンタービレ』第十一巻（Kissコミックス）、講談社、二〇〇五年、一六〇―一六四ページ
（2）「WEB特集 遊びながら働くはずが…」「NHK NEWS WEB」二〇二〇年一月三十一日配信（https://www3.nhk.or.jp/news/html/20200131/k10012266791000.html）［二〇二〇年二月七日アクセス］
（3）興味がある人は、小栗左多里／トニー・ラズロ『ダーリンは外国人 ベルリンにお引越し――トニー&さおり一家の海外生活ルポ』（［メディアファクトリーのコミックエッセイ］、KADOKAWA、二〇一四年）を読んでみてください。

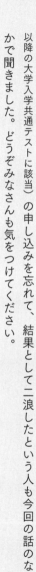

第7章

演奏家の移動と定住
——世界を舞台に生きる工夫

髙橋かおり

メッセージ

音楽をするためには、国内外問わず自分に合った拠点を見つけることで、自分らしさを発揮できるのです。

音楽は国境を越える、としばしばいわれます。この言葉は通常、いい音楽はどんな人にも響くという意味で使いますが、本章では別の角度からとらえてみましょう。音楽を仕事にして生きていきたい、と考えた場合、その選択肢は国内にとどまりません。海外のオーケストラに所属したり、海外の演奏家や指揮者と仕事をしたりすることも選択肢としてあります。

本章では、まず日本人音楽家が海外に出る際に直面する問題をふまえたうえで、海外オーケストラに所属する演奏家たちの語りから、国をまたぐ移動と定住について考えていきましょう。

1

海外で外国人として生きる

音楽が国境を越えるのであれば、演奏場所があればどこにでも行けることになります。学校を卒業して演奏家として独り立ちをするなかで、海外を目指すことはメリットもあれば思わぬ障壁もあります。

海外を仕事の場所として選ぶ理由はいくつかあります。ヴァイオリニストの西本さんは、海外だからこそ自由に自分の仕事ができると話しています。

西本さん：たぶんヨーロッパで就職しても、いまの時代、日本に早く帰れるから。並行して、国の境目なく活動していきたいとは思っています。こっちで、できたらオケに就職したいですね。

相澤：それはねらっているのはやっぱり、コンサートマスターっていうポジション？

西本さん：たぶんこっちだったらべつにトゥッティでも弾けると思うんですよ、性格的に。日本のオケのトゥッティだとたぶん私じゃまになる感じ。ちょっと前のほうに座っていないと。後ろだとたぶんすごいじゃましちゃうタイプなんですけど。でもこっちだったら結構みんながンガンガンガン弾くので、私がトゥッティでも大丈夫だと思いました。

西本さんはソロとしての豊富な経験をもちながらオーケストラの仕事にも興味を感じています。すでにソロ奏者としてのキャリアをもつために、日本のオーケストラだとポジションが限られますが、海外（ヨーロッパ）では選択肢がもっと広がり、自身の成長にもつながるのではないかと考えていました。

しかし、海外での仕事では、実力以外に属性を意識せざるをえないこともあります。音楽家である以前に、日本人やアジア人としてエスニシティ（民族性）の観点から判断されたり、あるいは女性／男性としてジェンダーの観点から判断されたりすることもあります。音楽家たちがエスニシティやジェンダーといった属性、言い換えれば自分とは誰かについて意識させられる場面とはどのようなときでしょうか。

例えば曾根さんは、あるオーディションで合格基準に達していたにもかかわらずオーケストラに入団できず、事務局とのやりとりのなかで「女はとりたくない」という意図を読み取ったといいます。あるいは、声楽家の福山さんはアジア人であることを次のように考えていました。

やっぱり、劣等感だったりっていうのはありますよね。自分がもっているキャラクターっていうのが残念ながらアジア人で、身長もそんなにずば抜けて高いわけじゃなくてほどほどで。しかもバス歌手とかだったらいいんですけど、僕のバリトンのところは、結構その、かっこよさだったり、男らしさ、というよりかはなんだろう、柔らかさ、ビロード感みたいなのが求められる部分なので、そういうところで見た目に対する劣等感っていうのはありますし、感じさせられます。ただ、たぶん、これからもっと感じてくる部分だとは思います。オーディションではねられるとか、そういう、はっきりとは言われていないですけど、やっぱりアジア人だからっていうのはありますよね。（福山さん）

声楽家の場合、見た目の印象が音楽的技能の判断に関わってくることがあります。そのなかで自身の武器を見つけていくことが重要です。福山さんは見た目に劣等感をもちながらも自身の声を

「柔らかくて強い声」と特徴づけ、それを生かしてさまざまな役に対応できる能力を身につけたいと話していました。

確かに今日のグローバル化のなかで、各国の音楽界でもどのようにして差別をなくすのかということが論じられ対策がとられはじめています。いまではエスニシティやジェンダーがわからない状態で審査をするために、演奏者と審査員の間にカーテンを設置したり、床に絨毯を敷いて足音を消したりする工夫がされることが一般的です（コラム「音楽とジェンダー」を参照）。しかし、実際には、まだ特定の属性によって不利な目にあう話は耳にします。音楽は国境を越えるからこそ、まだ残る差別や困難な現実をどう受け入れてどう乗り越えるのかは、実力とは別に覚悟しなければならないのです。

2 海外オーケストラに所属する日本人演奏家

海外でオーケストラの仕事を得る

差別はあるといいながらも、世界各地のオーケストラでエスニシティやジェンダー面での多様化が進んでいるのは確かです。

国際的に活躍するアジア人演奏家の状況については、吉原真里氏の著書[1]に詳しくまとめられています。吉原氏は、アジア人が特に、ピアノやヴァイオリン、声楽などソロでの活動をする人に多く、木管楽器や金管楽器、打楽器には多くないことを指摘しています。つまり、集団になじむのではなく「アジア人らしさ」が個人のアピールポイントとしてはたらいていると理解することもできるのです。さらに吉原氏は自身の研究を通じて、団体への所属や大学の試験のほうが公平である現状を次のように説明しています。

オーケストラや大学での教職においては、採用プロセスが体系化され差別を防ぐためのメカニズムが存在するのに対して、フリーランスの世界ではその様な組織化された安全網がない。フリーランスの音楽家として生計を維持するには、地域の音楽関係の人々や団体と幅広いつながりをもつと同時に、人脈を広げたり他の人々と一緒に仕事をしたりしやすいような性格や社交スキル、処世術が必要になる。[2]

団体に所属したり大学に入ったりすることは、その土地で音楽を続ける際の保障や証明になります。だからこそ、倍率は高くても公平に開かれている関門を突破しようと、音楽家たちは各地のオーディションを受けるために移動し続けるのです。圧倒的な実力があれば別ですが、コネや人間関係に左右されがちなフリーランスで活動を続けるよりも、オーディションや入試を突破するほうが、難関でありながらも誰にでも開かれている道だといえるのです。

図1●3人の演奏家のキャリア

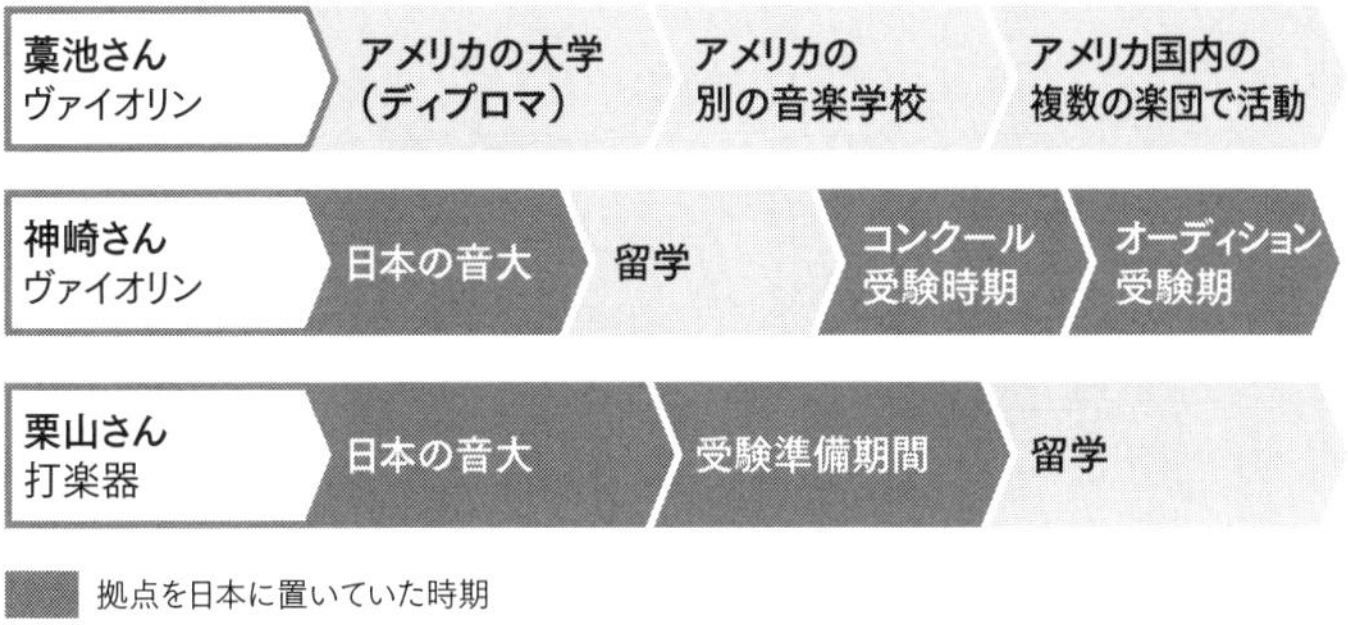

それでは、海外のオーケストラで活躍している演奏家は、どのような経緯でその楽団に所属することになったのでしょうか。ここでは北欧のQ市のオーケストラに所属する日本人団員三人をみていきましょう。上に示した図1は、調査時点でQ市のオーケストラに所属していた三人の日本人団員の大学以降の拠点の移り変わりです。

もちろん、オーケストラのオーディションは応募者が世界中から何百人と訪れ、そのなかでたった一人が選ばれる（場合によっては該当者なしの場合もある）厳しい世界です。そのため、自分で選んだというよりは楽団に拾ってもらったという感覚をもつ人もいます。それでも、オーディションを受けて合格したあとその街に来て、仕事をしているのには理由がそれぞれにあります。

藁池さんは音楽一家に育って、幼いころからヴァイオリンを続け、日本の音楽高校卒業後にアメリカに留学します。アメリカでは演奏に集中するため学部への入学ではなくディプロマを選択して、五年間で二つを取得します。その後、アメリカの別の都市の音楽学校で奨学金を得ながら室内楽を学びました。卒業後はアメリカ各地のオーケストラで演奏しながら、世界各地のオーケストラのオーディションを受けるなかでQ市のオーケストラに合格しました。

神崎さんもまた、幼いころからヴァイオリンを始めた一人です。音楽高校、音大、海外留学と研鑽を積みながら、並行して各地でコンクールも受けていました。いくつか有名なコンクールで入賞したあとは演奏の仕事をしながらヨーロッパを中心に各地でオーケストラのオーディションも受け始め、そして初めて常勤で席を得たのがQ市のオーケストラでした。

栗山さんは小学校の金管バンドで打楽器に出合い、その後、中学時代からプロフェッショナルの演奏家に師事するなど、打楽器奏者としては早くから専門教育を受けていました。音大卒業後は、受験準備を経たあと海外留学します。留学先では、学校に通いながら地元のプロオーケストラでプラクティカントもおこなっていました。これは彼にとってプロオーケストラでの仕事を知る機会になっています。留学先で二年間過ごしたのちQ市の楽団に合格しました。

それぞれの経緯でQ市に仕事を見つけた三人は、自分自身のキャリアに加えてこの街と所属楽団に対してさまざまな考えをもっていました。

定住の場所としての就職

大学から海外で過ごし、演奏活動もおこなっていた藁池さんは自身の演奏経歴を次のように振り返っています。

ずっとアメリカでエキストラで、フリーで仕事をやっていて、いつ仕事があるかないかわからないという状況をもう、十年以上、十五年くらいやっていたから、定職があるっていうことにすごく憧れていました。（蓮池さん）

蓮池さんは現在、「定職を探していた身分にとっては天国のような待遇」にいることに満足しています。

とりあえずは。すごい居心地がいいんですよ、寒いけど。街も住みやすいし、冬は楽しいこともたくさんあるし。寒いけど（笑）。いいとこだし、自然がたくさんあって。本当に、前にいたアメリカの街と逆のところに行きたいと思って、自然が多くて、平和で、人が少なくて、っていうところを探してたので、まさに、ここがそんな感じで、たぶん結構長い間いるかもしれない。（蓮池さん）

生活の場としてQ市を気に入っていることに加え、蓮池さんはオーケストラに所属することで、団体運営にも目を向けるようになっていました。個人として自分の技術向上にとどまらず、オーケストラの質の向上と規模の拡大も夢だといいます。さらに現地の言葉を勉強してみんなを驚かせる、と笑いながら話していました。リハーサルは英語だけでおこなわれることもあるため当面の仕事には困らない状態であるものの、現地の言葉を覚えることで長期の関わりをもとうとしていました。

海外の拠点としての就職

ヴァイオリニストの神崎さんにとって、海外のオーケストラに受かることは夢でした。

　留学から帰ったあと、当分の間は仕事を得て経験も積みたかったために周りにあえて言うことは特にありませんでしたが、心の内では将来は絶対に海外で演奏していきたい、仕事をとりたいと強く思っていました。そうして日本からひそかにコンクールやオーディションに飛びまくり、入賞やオーディション歴を重ねていったのです。旅行のためには最低丸四日間空けなければならず、スケジュールの調整はいつも困難でした。帰国するなり空港から仕事のリハーサルに直行したこともよくあり、そんな生活を何年も続けることができたのは夢と情熱、そして体力があったからこそであり、いまでは考えられませんね。

（神崎さん）

神崎さんが国際コンクールを受けていたのも、国際コンクール入賞などで信頼できる評価が経歴にあるほうがまずオーディションに呼ばれる確率が高くなると考えたからです。そして「ヨーロッパのほうが、シビアではあるけれど実力に対してはフェアな印象」があったため、「人種とか言語とか、リスクを覚悟でも」オーディションに挑戦していました。

そして藁池さん同様、神崎さんも団に所属することで団体運営への意識をもつようになっていました。加えて自身の演奏活動を通じて日本へ北欧の音楽を紹介することも積極的におこなっていました。自身が異国の文化を吸収することで、それを日本に伝える役割も果たそうとしていました。

その国の人以上に、その国の人の演奏らしく

オーケストラのある街に定着しながらも、さまざまな場所同士の懸け橋としての役割をより強く意識していたのは栗山さんです。

栗山さんは、現在の活動拠点であるQ市への愛着をもち、オーケストラの運営方針や選曲にも積極的に関わっています。個人としてさまざまな国の演奏スタイルに対応できるだけではなく、団体としても「広範な表現方法やスタイルをオーケストラ全体で曲によって自由自在に切り替えて演奏」できるオーケストラにしていきたいという目標をもっていました。

国や団ごとの違いは技法や演奏スタイルだけではなく、団員同士の関わり方にも表れます。栗山さんが留学先で参加したオーケストラは、特に「プロ意識」が高かったといい、ミスをしながらもほかの団員から「かわいがり」を受けた経験を次のように話しています。

例えばそのオーケストラでは、盛り上がってみんなが興奮し、勢いあまって縦の線がずれたりバランスが自然に崩れるといった現象は、オーケストラのカラーとして団員内で許容されていました。いいかげんな瞬間もしょっちゅうありました。しかし、ここは何があっても縦の線

をそろえるぞ！とリハーサルでみんなで意気込んだ箇所については、本番では有無を言わせず絶対に外しちゃダメなんです。努力が報われずうまくいかなかったときでも「失敗したけれど、よくがんばったね」とは言ってもらえませんでした。上手なプラクティカントでも仕事の経験がなければ、そのような箇所で周りと息を合わせることには苦労します。失敗すると周りからすぐに何らかのフィードバックがある。でも、日本の吹奏楽のスパルタ先生のようには叱ってくれない。目配せや、コーヒーを飲みながらのトークの最中に「君が外したのみんな知ってるよ」とさりげなく教えられるんですね。これは非常に居心地が悪い。同時に武者震いがする瞬間でした。日本の学生は、怒鳴って叱ってもらったほうが楽なんですよ。プラクティカント中に私は、プロのエキストラだったら二度と仕事がこなくなるだろうな、という大きなミスをたくさんしました。気が抜けていたときには「これから俺が言うことに言い訳は受け付けない」と切り出され、はっきりと叱られたこともありました。でも怒鳴られるのとは違います。個人として受け入れてもらったうえで、一個人の強い意見として指摘を受けるのです。かわいがってもらったというのは、そういうことです。あの期間に、人生で最も厳しく音楽を見つめる体験をしました。これほどの緊張感は、音楽をしていて味わったことがなかった。「これが本当の西洋音楽の厳しさなんだな」と知りました。大変勉強になりましたね。音楽は生ものだから、失ったらその瞬間は二度と取り戻せない。そういうことを学びました。

（栗山さん）

栗山さんはここで、「集中力」や「精神力」という「どんな過酷な状況でも責任を引き受ける」

プロフェッショナルの演奏家としての態度を学んでいます。この態度は、ヴァイオリン奏者の西本さんがプロオーケストラで演奏した際に団員の人たちが「音楽に対してのアンテナをすごいビンビンに張って」いると感じたことに重なります。栗山さんが受けた「かわいがり」は、このオーケストラがあった場所の国民性や、先輩打楽器奏者が教育を受けた国の特性によるところが大きく、別の国だったら別の対応をされていたかもしれないと推測しています。初めて働いたこのプロオーケストラの空気が、栗山さんにとっては合っていたのです。

栗山さんは「できるかぎりいろいろなオーケストラで演奏してみる」という夢をもっていました。ヨーロッパのオーケストラでは団員の国際化や流動化の流れがあり、「その国らしさ」は消えつつあります。だからこそ「その国独自の表現」を「いろんなところでいまのうちに見て吸収し、残しておきたい」とも話し、移動できる音楽家だからこそできることをしようとしていました。

仕事があればどこでもいける意志をもつこと、音楽家として移動と定住を繰り返すことは、自身の音楽性を磨き、深めていくと同時に、その場所の音楽文化を豊かにする可能性ももっているのです。

フリーランス音楽家にとっての人脈と言語

フリーランスの音楽家の場合、移動しやすい場所を拠点に選びます。ヨーロッパでいえばベルリンはその一つです。作曲家の茂木さんや指揮者の柴野さんは、それぞれドイツではない国で音楽の学位を取得していますが、活動拠点としてベルリンを選んでいます。仕事やプロジェクトでヨーロッパ内を移動する際に非常に便利だといいます。

ただし、この二人にとってはベルリンは地理的な拠点にすぎず、所属団体や学校のつながりがあるわけではないため、現地の人間関係に入っていくことはなかなか難しいとも話しています。所属や拠点をもたずにフリーランスでやっていく場合、仕事を得るためには紹介やつてなど、人脈に依存せざるをえません。

仕事を個人で得るためには言語の問題も関係してきます。英語は国際的な公用語としてインターナショナルに働く場合に武器になります。ドイツやフランス、あるいはイタリアやロシアなど個別の国や都市に根差した活動をしたい場合、現地の言葉を話せたほうが優位になります。音楽は言葉を越えるといいながらも、リハーサルやレッスンで言葉は不可欠です。自分がどこでどう活動したいのかということは、どの言語を集中的に習得するのかということにもつながります。

3

移動と定住を繰り返す音楽家

音楽家の生き方を考える場合、移動と定住の境目は非常にあいまいです。初めに入った楽団に退職までいる人ももちろんいます。他方、複数の団を渡り歩く人や、一つの団に所属しながら別の団の客演を重ねる人もいます。

これらの選択は、（オーディションにはもちろん審査はありますが）個人の判断に委ねられています。家族やパートナーとの関係によって移動に制限が生まれる場合もあります。しかし、基本的には仕事がある場所なら国を問わずどこでも移動する、拠点を移すと考える演奏家は少なくありません。音楽家にとって定住は、複数の滞在を積み重ねていることなのかもしれません。この自由さは、音楽の演奏がどこでも共通言語になっているからこそ可能です。音楽の場合、自身の演奏や音楽を気に入ってくれる人がいればどこにでも行ける強さがあるといえます。例えば、言語を用いる俳優の場合、国際的な流動性は音楽に比べて低いといえます。音楽家たちは自身の音楽スタイルを受け入れてくれる人や場所、自身が一緒に演奏したいと思える仲間、そして聞いてもらいたい人たちのいる場所を選んで移動を続けるのです。

注

（1）吉原真里『「アジア人」はいかにしてクラシック音楽家になったのか？――人種・ジェンダー・文化資本』アルテスパブリッシング、二〇一三年

（2）同書一九八ページ

コラム

音楽の仕事を請ける
――謝礼と契約

髙橋かおり

私は学生時代から本書執筆のしばらく前まで、演劇や演奏などのライブパフォーマンスに舞台照明として関わっていました。舞台裏の暗いところで目立たないように黒い服を着ている、いわゆるスタッフです。大学のサークル活動から舞台照明を始めたのですが、ある時期から個人的に「依頼」されて照明の「現場」を請けることになりました。サークル活動はかかった経費だけを依頼主に請求するボランティアだったので、ここではじめて謝礼（ギャランティー）の問題に直面します。つまり、自分の活動に対して金額を自分で提示しなければなりません。個人で「現場」の「依頼」を請け始めた当初は、先方が提示した額そのままをもらっていました。しかし、年数を経るにしたがって「これは私の技術と努力、費やした時間に見合った金額なのか？」と考える機会も出てきました。あるいは、舞台照明の後輩や年下の依頼者に「相場」を聞かれることもしばしばありました。自分のなかで緩やかな基準はできてきたものの、お金の問題を真正面から語ることは、一線から離れたいまでも私にとっては難しいものです。その様子は、本文中のインタビューの引用にも少し表れているかもしれません。

さて、みなさんも演奏活動や音楽に関わる活動を続けるなかで、なにかしらの対価をもらう機会が出てくるでしょう。それはわかりやすく金銭のこともあれば、交通費や食費（ケータリング代）、ときには金券という場合もあります。

自分の好きなことや努力をしてきたことによってお金をもらう、これは音楽を仕事にする第一歩です。そこには喜びや達成感もあります。しかし、金銭のやりとりによって厄介な問題も出てきます。

第一の問題は謝礼の相場です。みなさんが習得した（する）演奏や音楽の技術は、専門性が高いものです。そして長い期間レッスンを重ねてきて習得した技術に対してのプライドもまた持ち合わせているでしょう。初めのうちは私と同じように、「もらえるだけでうれしい」と思うかもしれません。予想以上の対価をもらえることもあるでしょう。他方、「演奏の場があるのだから謝礼などはいらないよね」「友達価格でやってね」というように、あなたの熱意や好意に付け込んでくる人もいるかもしれません。「この金額でこの曲、この演奏時間はおかしい」ということや「遠くの演奏会場なのに交通費込みになっているため、謝礼のほとんどが交通費になる」というように、少しでも疑問に感じた場合には依頼主に相談してみましょう。特に学校を卒業したあとは、無料やボランティア、あるいは割り引きでの音楽の仕事は、自分のなかで納得したうえで請けたほうが無難です。

第二の問題は約束、専門用語でいえば契約です。口約束で、しかもその約束も「〇月△日に××の曲を演奏して」というように、内容だけで対価などの条件を提示されない場合もしばしばあります。このようにして請けた「現場」で依頼主とトラブルになった経験が、私にもかつてありました。つまり、していない約束や、共有していない条件、記録に残っていないやりとりは、お互いの言い分で議論をしてしまうためこじれやすいのです。

第一の謝礼の問題では、おかしいと感じる条件を二つ例に示しました。しかしそもそも、こちらが聞かなければこのような条件を事前に提示しない人もいます。あるいは、事前に会話や電話で共有した内容と別の条件を事後に示す人もいます。このようなトラブルを避けるためには、①依頼を請けた時点で条件を確認する、②依頼については書面や文章（最低でもメールやメッセージ）で記録を残す、という習慣をつけましょう。

金額にしても条件にしても、わからないことは先輩に聞くのも一つの手です。

さらに、天災や病気などで演奏会やイベント自体がキャンセルになることもしばしばあります。二〇一一年の東日本大震災とその影響による公演中止や自粛、一〇年代後半から多発する豪雨による野外イベントの中止、そして二〇年の世界的な感染症流行による中止や自粛などでは、演奏家だけではなく多くの芸術家が仕事の機会を突然失いました。とりわけ小規模・個人的な約束では、このような突発的な中止まで考えたうえで仕事の条件を確認することはほとんどありませんでした。今後は中止や延期の場合の対応も想定が必要になるでしょう。

とはいえ、個人でできることには限界があります。そのようなときに頼れるのが、同業者団体（組合）です。例えば日本音楽家ユニオンという団体は個人加盟の組織であり、契約に関する相談の窓口になるだけではなく、演奏家としての謝礼の相場（基準演奏料）やキャンセル料の基準などもウェブサイトで公開しています。困ったときはこのような団体に相談することも選択肢の一つとして念頭に置いておきましょう。

また、音楽活動と契約の関係にもっと興味がある人は「新国立劇場運営財団事件」について調べてみるといいでしょう。これは、音楽家（オペラ歌手）が労働者なのかどうかが焦点になった裁判です。難しい条文や解説が出てきて戸惑うかもしれませんが、ここには、芸術家の働き方がほかの仕事とどこが同じでどのように異なるのかを考える材料があります。今後変わる可能性もありますが、一つの答えの出し方として知っておくと、自身の音楽活動のとらえ方が変わるかもしれません。

そして、仕事に対しての対価ではなく、困ったときに自分が支援の対象となる芸術家なのかという問題は、助成金や公的支援を受ける際に論点になります。二〇二〇年に相次いで発表された芸術家への各種公的支援策は、芸術や文化で生計を立てている人を対象としていました。そこでは、さまざまな仕方で「プロフェッショナル」の線引きが試みられました。

例えば東京都の支援策「アートにエールを！東京プロジェクト」プロジェクトでは、応募条件に「過去一年以上継続してプロフェッショナルとして芸術文化活動を行っていること」という項目があります。そしてここでいう「プロフェッショナル」とは、「主に芸術文化活動に係る収入により生計を維持している者で、不特定多数の観客に対し対価を得て公演・展示等を行う者及び当該公演・展示等の制作に携わっている者」(1)と補足しています。こうなると最近プロになった人が初めておこなおうとした企画が中止になった場合や、教えることで生計を立てている人は当てはまらない、ということが起こってきます。

あるいは文化庁の文化芸術活動の継続支援事業（支援パッケージ）では、各分野の同業者団体や協会からの承認を得ることや活動証明（チラシなどの記録）が必要[2]になっています。東京都にしても文化庁にしても、公的支援を受けるとなると、ただ「プロとしてやってきました／やっていきたいです」という思いだけでは認められないことがあるのです。

このような状況では、やはり契約のところで述べたように、「仕事や依頼を請けた記録を残す」ということが重要になっていきます。一見煩雑に思われるかもしれませんが、証明書や免許がない職業であるからこそ、日々の記録の蓄積が必要なのです。技術を磨きながら、わからないことは先輩や詳しい人に聞きながら、社会でどのようにして「音楽を仕事にしていることを伝えるのか」ということとは向き合い続けなければならないのです。

注

（1）東京都「アートにエールを！東京プロジェクト（個人型）」募集要項（https://cheerforart.jp/guideline）［二〇二〇年十月十七日アクセス］

（2）以下のサイトに情報がまとまっています。文化庁「文化芸術活動の継続支援事業」（https://www.bunka.go.jp/shinsei_boshu/kobo/20200706.html）［二〇二〇年十月十七日アクセス］

第8章

演奏以外に音楽の仕事を広げる
――研究・教育・社会貢献

髙橋かおり

メッセージ

演奏を通じて収入を得るだけが、音楽を続ける唯一の方法ではありません。音楽の続け方は工夫次第です。

本書を手に取っている人の多くは、音楽で生きる、というと、演奏を仕事にすることを思い浮かべると思います。確かにそれは代表的なやり方です。しかし、それ以外にも方法はあります。本章では、演奏以外の音楽の仕事について、研究・教育・社会貢献という選択肢を取り上げます。前半ではチューバという比較的演奏機会が少ない楽器を選んだ二人の工夫から、音楽に対してこだわるところと柔軟な対応をするところの使い分けをみていきます。そして後半では、留学することによって「音楽で収入を得る」以外の音楽との関わり方の可能性を見いだした奏者の話を追っていきます(1)。

1

演奏以外の道の切り拓き方

第1章でも述べたように、どの楽器を選ぶのかによって演奏家として歩む道には差があります。そこには始める時期の問題だけではなく、音楽業界での需要の問題もあります。オーケストラの編成をみても、弦楽器は各パートが数人から十数人いるのに対し、管楽器では二、三人、場合によっては一人ということも珍しくありません。楽器によっては、演奏する曲や編成に応じて出番がないこともあります。どの楽器を選ぶかはその人の好みや適性によりますが、選んだ楽器やパートによって演奏機会の多寡や演奏活動の続けやすさは異なります。

まず取り上げるのは、桜井さんと児玉さんという二人のチューバ奏者です。チューバはオーケストラの規模によっては常任の席がなく、曲ごと、演奏会ごとにエキストラを呼ぶことで対応する楽団もあります。そのためほかの楽器に比べて「オーケストラに就職」という機会は少ないのです。演奏機会の絶対数が少ない以上、うまい、技術がある、だけでは音楽活動の継続は困難です。それでは、この二人はどのような工夫をしているのでしょうか。

やりたいことがパンクしている——桜井さんの場合

ドイツに留学した桜井さんは、帰国後は演奏活動とともに音楽の研究を続ける道を選んでいます。

帰国後の桜井さんは、やりたいことがたくさんある「パンク状態」でした。そのやりたいことのなかには、演奏だけではなく、演奏家の奏法や曲の研究、あるいは音楽と社会の関わりについてなどがありました。社会との関わりについては次のようはエピソードもあげています。

最近興味あるのは、社会的マイノリティっていうのが、どういうふうに社会にコネクトしていくのかっていうところ。思えばどうそこにつながるのか全然自分でもわからないんですけど。でも音楽作品とか、パフォーマンスでそういうことを訴えかけるっていうことはできると思うので。（桜井さん）

演奏活動を継続しながらも、音楽と社会がどうつながるのか、社会のなかで音楽がどのようなものになりうるのかを、桜井さんは探究していました。そして自身の生き方について次のような指針を示します。

やっぱり、やりたいことはやりたいことであって、それ以外でどっかでお金を稼いでいくっていう。だから、僕はさっきまで言っていた、視野が狭いっていうのはやっぱり、チューバ一本で食っていかなきゃいけないっていうのはやっぱり、変っていうか。なんか、よく言うんですよね、楽器やめるとか。食べていけなかったら。まあそれはすごく悲しいことだと思っていて。食べていけなくても僕は、最悪チューバじゃないかもしれないですけれど、音楽は、っていうか、表現、あるいは、主張する場みたいなのは絶対やりつづけていかなきゃいけないと思っていて。（桜井さん）

桜井さんにとって重要なのは、音楽を続けることであって、演奏でお金を稼ぐ（「チューバ一本で食っていく」ことだけではありません。音楽を続けるためにさまざまなものに目配りして「金になることは金になることで、絶対探していかなきゃいけない」という意識がありながらも、音楽で「それとは別に、なんか、自分のやりたいこと」を「金にならなくてもやっていきたい」という思いがそこにはありました。

僕はこの社会のなかでどういう問題意識をもって、どういうものを提示していけるんだろうっていうのも、やっといま活動し始めたいなって思えるようなってきたところで。たぶんそれはお金にならないだろうっていう見込みは、かなり強くあるので。だからこれもまた夢物語ですけれど。

（桜井さん）

お金にならなくても、社会的に意味がある、求められる音楽活動をしていきたい。その手段は桜井さんにとって、演奏だけではなく、研究や社会貢献もありえるのです。今後やりたいことが広がり「全部ふわっとして」いながらも、「僕は結構わくわくしてます」と今後の自分の活動に期待をしています。

生きていくために手段を増やす――児玉さんの場合

次に例に挙げる児玉さんは、北欧で十年以上活動するチューバ奏者です。現地の音楽学校卒業後は各地のオーケストラで演奏の仕事をしながら日本語教師もしていました。そしてインタビュー後は別の都市に移り、演奏を教える仕事を続けています。

日本の音大生時代に北欧のクラシック音楽に興味をもった児玉さんは、大学院卒業後に北欧に留学しました。演奏家養成課程を卒業後、営業メールや人のつながりからいくつかのオーケストラから定期的に声がかかるようになり、チューバの必要な曲を演奏する際には呼ばれるようになります。演奏活動と並行しながら、習得した現地の言葉を生かして日本語学校での仕事を見つけ、日本語教師としても働き始めます。さらに演奏指導者の資格とトロンボーンの演奏者の資格をそれぞれ働きながら学び、取得します。トロンボーンはスライド管のため、ほかの金管楽器とは異なる技術が必要になります。

インタビュー時点の生活は、週一回、別の街のカルチャーセンターで日本語のクラスをもちながら、機会があればオーケストラやビックバンドで演奏の仕事をしたり、知り合いのチューバの先生の代理で教えたり、という生活でした。

こっちに来て、来たものは請ける、来ないものは探す。お金はないけど時間はある。暇なときは何しようか、じゃ、勉強をしよう。それがこっちの教員資格になったし、トロンボーンの資格になったし、この秋何しようって。いま計画中なんですけど、ドライビングライセンス〔運転免許：引用者注〕を取ろうと、日本でもってなかったので。（児玉さん）

児玉さんの話からは、何かがない、あるいは不十分な場合、それをどのようにして補うのか、ということへの転換や工夫が伝わってきます。学卒後仕事がないときには自らメールで各地のオーケストラに営業をしたり、語学を習得したことを生かして現地での日本語教師をしたり、あるいは時間があるときに資格取得のために社会人学生になったりと、そのときにできる工夫を重ね続けています。このことについて私が率直に投げた質問に、児玉さんは次のように答えています。

高橋：言いにくいんですけど、良くも悪くもあまり音楽のお仕事にこだわっていないように見えるんですけど。すごく音楽だけやりたいというわけではなくて、日本語とか音楽を教える人とか、演奏でやっていくことだけでやっていくわけではないという印象を受けるんです。

児玉さん：それは、就労ビザを申請するときに、収支証明書を出さなきゃいけないんですね。こんな仕事があって、税金引かれる前、あ、引かれたあとだったからだったかな、これだけもらえるという。手取り月々これだけもらえないとビザ出しませんよっていう基準がある。それをクリアするためには何でもしないといけない。

高橋：こだわっていられない(笑)。

児玉さん：だから、たぶん日本に行けばたたかれるんですけど、生活保障みたいなものを集めて、年間これだけの収入があって「クリアしてますよ」って。

高橋：(こちらに)いるためにはそうしなきゃいけないというのが。

この質問に対して私が「言いにくい」としているのは、音楽家は演奏で稼ぐべきという規範が強いなかで、それ以外の実践を聞いたりそれを推奨したりすることは音楽家に対して失礼ではないか考えていたからです。この問いかけに児玉さんは、海外で音楽活動を続けるためには「何でもしないといけない」と笑いながら話しています。

しかし、児玉さんはのちにスクリプトを読み直した際のコメントとして、以下のように追記しています。

この質問、ハッとしました。インタビューにはあのように答えはしましたが。日本にいたときの僕だったら、このあと、すねて黙り込んだと思います。
（児玉さんの返答）

この言葉から推測すれば、日本にいたころの児玉さんは、もしかしたら演奏で仕事をすることにこだわっていたのかもしれません。しかし海外で生活するなかで「演奏で稼ぐだけが音楽家の唯一のあり方ではない」と視野を広げていきます。もちろん、音楽を続けるために技術は必要です。技術があるからこそプロフェッショナルのオーケストラでの仕事も続けています。しかしそれにとどまらず、児玉さんは積極的に知識を得て技術を磨き続けています。

海外に住み続けるためにはビザが必要であり、そのためには一定の収入を得なければなりません。もともと演奏機会が多くない楽器の場合、あえてそれ以外の「収入を得る手段」をもつことは、演奏家として、音楽家として、あるいは社会で生き残っていくために考えなければならないことです。児玉さんはできることを何でもやり、足りないものがあれば工夫していくことを前向きにやっていました。インタビューのなかで「音楽を楽しんでもらうっていうのがいちばんの仕事なので、音楽以外のそういう困りごとを、こうね、わかられるようにしてしまうのが、いちばんいけないと思っているので」とも話し、苦労を見せずにいい演奏を届けられるように自身の生活を整えていました。

児玉さんの選択や工夫の根底には、音楽をこの土地でどのようにして続けるのかということがあります。だからこそ、異国で生きていくための基盤を整えていました。音楽とともに生きていくのであれば、収入、仕事の内容、場所、仲間との関係、など、何にこだわるのか。この選択の連続の結果が、それぞれの工夫につながっていきます。

二〇二〇年に起こった世界規模での感染症の流行は、演奏会の機会を演奏家から奪いました。オーケストラに所属している演奏者さえも生活基盤が揺らいだ例は少なくありません。観客の前での演奏の仕事以外にも収入を得る手段や、観客や社会とつながる方法をみんなが模索し続けているのです。桜井さんも児玉さんも、演奏機会が多くない楽器だからこそ、別の方法で音楽での経験を生かし、社会で役割を見いだそうとしていました。いくつかの収入源や複数の役割をもつことは、音楽を続けていくためのリスク管理としてもはたらくのです。

こだわりを捨てて、帰国する――細田さんの場合

次は、海外留学をしたなかで別の目標を見つけ、帰国を決意した演奏家の話です。細田さんは日本の音大を卒業後、ドイツ国内での音大修士課程入学を目指してベルリンに移住しました。けれども彼女は受験準備ビザで渡独して二年たった時点で、ドイツにとどまるのかどうか悩んでいました。

細田さんは中学校の吹奏楽部で打楽器と出合い、ぎりぎりの成績で音大に現役合格します。高校三年生の五月からの準備で練習時間が不足していたこと、さらに地方在住で受験のために先生のレッスンが密に受けにくい環境であることから、浪人も覚悟していました。受験期に指導を受けていた先生からは「受かったからといってもまだ君は基礎の力が足りないから、入ってもちゃんと練習するんだよ」と言われながら、上京します。

地方出身の細田さんは「音大生は神様」だと入学前は思っていました。そして音大に入ってから、音楽を続けるやり方にも序列があることに気づきます。

一一〇ページに引用したように、音大生や音大の先生の間には「プロオケに就職すること」が最も価値が高く、「音楽の先生」はそれよりも劣るという意識があったと細田さんは振り返ります。オーケストラで演奏がしたくて音大に入った細田さんは、音楽の道を諦めずに続けるために、「プロオケに就職」するという目標をもち始めます。

ただし、本書でも再三ふれているように、この目標の達成はとても難しいのです。日本ではオーケストラに就職するまでの過程が見えにくいことに加え、実際の求人数も多くありません。他方ヨーロッパは競争も国際化するとはいえ、オーケストラの数も多く、研修生制度も充実しています。いつかは海外に行きたいと考えていた細田さんは、大学卒業後に受験準備ビザでドイツへの渡航を決意します。

ドイツを選んだ理由について、彼女は事後的に三つ挙げています。一つ目はクラシック音楽とオーケストラの本場で勉強したいから、二つ目は有名な作曲家の育った地の文化を体験したいから、そして三つ目が海外生活を経験してみたいから、というものでした。彼女の場合、渡航前に習いたい先生が具体的にいたわけではなく、縁をたどりながら受験校や受け入れ先の先生を探していきます。

細田さんは日本で音大の学部を卒業していたため、ドイツ国内外の複数の音大修士課程を受験しました。ヨーロッパの音大修士課程への所属は一定の実力の保持を示す証しになり、オーケストラからオーディションの招待状（案内）も届くようになります。音大修士課程入学は、ヨーロッパで演奏活動を続けていくうえでの第一歩なのです。

渡独後いくつかの学校を受験し、不合格だったり、合格してもプラッツがなくて入学がかなわなかったり、地理的・経済的な問題から入学が難しかったりを繰り返していきます。その過程で、「プロオケに入る」ことを実現困難な目標として認識し始めます。

受験を続けてる間に、私はどんどん年をとるし、若い人が受けてくるし。やっぱり若い人から採るし、挑戦してもいいけど。いちばんもったいないなって思うのは、学校に入ることだけが目的になっちゃうと。落ち続けていても精神衛生上よくないし、正直、受験に対する、なんていうか熱量が下がっていくし。それで失敗したところで、なんていうんだろう「才能がないから辞めよう」みたいな感じにはもうならなくなりましたね。（細田さん）

細田さんは日本での音大時代に、音楽を続けるために最もいい方法はプロオケの演奏者である、と刷り込まれました。しかしその目標の実現が難しいことを理解したとき、音楽を続けるためには何が重要かを考えるようになっていきました。その結果として、音楽と職業を切り離すようになります。例えば、受験とは別に、日本で紹介されてない音楽のジャンルの奏法を学び始めていました。さらには子ども向けのワークショップを開いていきたいとも話しています。その話を受けて、私は次のような質問をしています。

髙橋：意地悪な質問かもしれないんですけれど、音楽でお金を稼ぐということをメインにすることをあまり考えていなくて、音楽であんまりお金を稼げないからほかのことで稼ぐというそういうことを考えていますか？
細田さん：そうですね。それ私も考えていて、音楽だけで稼ぐ必要はないと思っているんです。最悪食べていけば何でもいい、音楽をする時間さえ確保できるんだったら、全然あの、あと部活とか、いくらでも稼げる手段は多いほうがいいと思ってるんですね。

細田さんはこの言葉に続けて、自身の価値観の転換を話します。

　これは日本にいたときは考えられなかったことですけど。音楽で稼げない人はみな落ちこぼれみたいな感じだったから。（けれども）それは別に、そんなに意味はないんだなって思っています。いまの時代の雰囲気もあるけど、フリーでやるっていうことに、そんなにハードルもないし。実際帰ってすぐ音楽で稼げるわけないと思っていて。でもお金は必要だから、ほかにやりたいことがないわけではないから、音楽以外にも。だからできるだけ自分の興味があることで、できる、やりたいことはなんでもやってみようと思っています。そういった意味でも東京に住んだほうがいいと思っています。そこでつながった人たちも、お客さんできてくれるかもしれないし、そこから広がることはいっぱいあると思うから。（細田さん）

接客でのアルバイトや校閲の仕事に興味があると明るく話す姿からは、日本の音大、あるいは日本の音楽業界を離れることによって音楽を続ける道が広がった様子がうかがえました。そして、これまでもっていた次のような考えを否定します。

　日本の音大でこのままプロのオケに入れなかったら意味がないぐらい、いままでやってて。

これは何だったんだって。音大に入った意味もないし。特にたぶん田舎とかだと、音大に入ったなら、普通の企業に就職するだけでもすごいことだけど、それでも落ちこぼれたみたいに見られる。

（細田さん）

「音楽する時間が確保できれば」収入を得るためにはどんな仕事でもすると話す細田さんは、それと同時に人生はこの先、「まだ全然長いと思っているので、もうこんな二十いくつで音楽でダメだったから人生ダメだとか、そういうふうに考えるのはばからしいと思ってる」とも話していました。

細田さんは帰国も視野に入れながら、音楽活動での目標を「オーケストラに就職できるか否か」から、「音楽を続けるためにはどのように生活を成り立たせるのか」へと変えていました。この転換によって、オーケストラの演奏家になること（そしてその第一歩として音大修士課程に入学すること）を諦めても、音楽活動への熱意を維持しているのです。細田さんは、海外での受験がうまくいかなったという、いわば挫折の経験を自分のなかで消化しようとしていました。音楽以外で収入を得ながら演奏を続けること、つまり音楽が趣味になったとしても、これまでの自身のキャリアや努力を否定しないために、細田さんにとって海外での留学経験は必要だったのです。

2 演奏で稼ぐだけが音楽を続ける道ではない、ということを肯定する

ところで、児玉さんと細田さんへのインタビューで、「音楽だけにこだわっていないのか」という質問をする際、私はそれぞれ「言いにくいんですけど」や「意地悪な質問かもしれないんですけれど」という言葉を置いています。これは確かに、児玉さんと細田さんにとっては答えにくい質問だったかもしれません。しかしそれでも、二人はそのときの思いを話してくれました。

音楽で、もっと限定していえば、演奏で収入を得ることは音楽を続けるための手段です。もしそれが目的ではないと考えるのであれば、演奏以外の収入源をもつ必要があります。音楽を続けることと、演奏で収入を得ることは必ずしも同義ではありません。海外に住むという環境の変化は、思考を変化させ、自身の固定概念に気づく機会になります。児玉さんや細田さんは、海外に行き、日本の音大や音楽業界で刷り込まれたこだわりや固定概念を相対化することで、音楽を続けるための自分なりのやり方を見つけました。そして桜井さんは、留学時に見聞を広げ、帰国後には社会と音楽を複数の回路でつなぐ方法を考えて続けているのです。

音楽を続けていくなかで人々はさまざまな選抜を経験し、同時にさまざまな選択を迫られます。そのなかで、音楽の続け方もさまざまにあります。本章で取り上げた三人の演奏家は、日本の音大

で教育を受けたあと、海外での経験を経ることによって、日本での経験や得た知識を相対化していきます。このような機会は留学に限りません。例えば、アウトリーチ活動と呼ばれる、普段は音楽にあまりふれない人たちのもとにいって演奏活動をすることなども、自身の音楽環境を相対化する機会になることもあります。

十代（あるいはそれよりも前）から音楽に熱心に取り組んでくると、その世界の常識が唯一絶対だと考えがちです。しかし、日本の音大や音楽業界以外から自分の活動をとらえることで、新たな音楽の役割を見いだせるかもしれません。そしてその新たな音楽の役割の発見は、自分と音楽の関係を更新していくのです。

注

（1）本章は以下を大幅に改稿したものである。髙橋かおり「芸術に関わり続ける工夫――在外芸術家の経験の分析を通じて」、中京大学大学院社会学研究科編「中京大学社会学研究科社会学論集」第十八号、中京大学大学院社会学研究科、二〇一九年、六七―八九ページ

コラム

期待も評価も人それぞれ

相澤真一

『のだめカンタービレ』で、のだめと千秋がのだめの実家の福岡で会うシーンがあります。そのままのだめの実家に連れてこられて、のだめが留学を切り出した際、話の流れに乗って、「彼氏に留学!!」と大盛り上がりで酒盛りを始めるシーンがあります。

そこで、千秋は戸惑いながら、心のなかでこうつぶやいています。

この家族は……
娘の留学先とか　ピアノや音楽はどうでもいいのか?!
のだめはこうしてできたのか——?[1]

ピアニストの父をもつ音楽家家族の出身の千秋は、娘が留学するというのに音楽の話題が全く出ない野田家の食卓に戸惑いを覚えます。千秋は小さいころにヨーロッパに住み、生のヨーロッパの音楽にふれていた経験をもっていて、音楽で生きていくことが当たり前の環境で育ちました。彼はその体験が忘れられず、ピアノの教授と対立した末に指揮者になっていきます。

たぶん、本書の読者の実家はどちらの可能性もあるのではないかと思います。のだめのように、実家は全然音楽とは関係ないし、誰もよくは知らないけれども、自分が得意で始めた音楽で音楽家の道を考えている人もいると思います。一方で、千秋のように、音楽のことをとてもよく知っている家族のなかに生まれて、音楽家を目指すことをごく自然なこととして受け止めている人もいると思います。もちろん、この二人の中間くらいという人もいるかもしれませんし、もっと、のだめ側、千秋側どちらかに偏った家庭で育ったと感じているかもしれません。

みなさんのなかには、どちらかの家庭のことがうらやましく感じる人もいるかもしれません。実際、第1章「音楽を本格的にやりたくなったら考え始めること」（相澤真一）でもふれたように、ヴァイオリニスト、ピアニストの一級のソリストを目指す場合、小さいころから親の強力な支援が必要なことが多いようです。本書での調査でも、ヴァイオリン奏者の神崎さんは、母親がステージママに近い存在でないとヴァイオリンのソリストは目指せないと言っていました。

一方で、坂本光太さんが第9章「音大卒業生のその先」（輪湖里奈／坂本光太）で自身のキャリアとして書いているように、音符を読めない小学生から音楽大学を目指し、実際に音楽家の道を歩む人もいます。そして、音楽大学に入ると、志が高い仲間も集まってきます。音楽大学の先生は、ほとんどが一級の演奏家ばかりです。輪湖さんはこのような世界にとらわれすぎることを「トッププレーヤー至上主義社会の呪い」と表現しています。このような環境のなかで、トッププレーヤーにならないと「負け」かもしれないと感じてしまうことは自然なことです。周囲の人々も、トッププレーヤーになってほしいと期待しているからです。これはべつに音楽の世界に限ったことではなく、どの世界、どのような分野で専門家を養成する学校に通っても起きうることです。

私が専門にしている教育社会学という分野では、人はどのような教育を受けるかだけでなく、その教育や成果がどう評価されていくのか、という点にもしばしば着目しています。評価の目というのは、それ自体が社会のなかで作られていくものです。そして、それぞれの人々が社会と対話していくなかでできあがっていくものです。陸上競技や水泳のように、少しでも速く、遠く、高くといった比較の基準が明確でない音楽の分野で、成功や失敗あるいは勝ち負けというのは、コンクールなどでは一時的に存在するかもしれませんが、全体のキャリアとして考えれば、それは全く評価が異なってきます。

本書でインタビューした人のなかで、学校を出て指揮者を目指してフリーで活動している角谷さんがこれまでを振り返って、次のようなことを言っています。

みんな大学生のころは「お前は楽しそうでいいな」っていう感じだったんですね。それが就職して家庭をもち始める。「お前はいつまでそういうことをやってるんだ」っていうのに変わるんですよ。これが面白いことに、最近は、また変わってくるんですよね。「ああ、やっぱり夢を追いかけてるほうがいいよ」って。

（角谷さん）

このことについて角谷さんは、「どっちが上、どっちが下じゃなくてそれぞれのいいところ、苦しいところがやっぱりあって」の考えだと説明しています。世の中にはいろいろな評価の仕方があり、そのなかで上下がしばしば評価されます。しかしながら、評価の軸が変われば、「どっちが上、どっちが下」も変わってきます。「それぞれのいいところ、苦しいところ」があるのだと思います。

一つの評価の軸の世界に固執せず、いろいろな評価の軸があることを知れば、音楽の道を目指すにしても別の世界にしても、いままでよりも少し緊張がほどけて周囲が見えてくるかもしれません。

注

（1）『のだめカンタービレ』第九巻（Kissコミックス）、講談社、二〇〇五年、一五四―一五八ページ

第9章

音大卒業生のその先

輪湖里奈／坂本光太

メッセージ

音楽で生きることにこだわりすぎずこだわりましょう。

音楽とともに生きていくために

輪湖里奈

大学を卒業して、大学院を修了または留学して、その先どうするのか。そんな悩みや戸惑いに多くの人が直面します。みんな一流の演奏家を目指す環境のなかで努力してきました。その努力のなかで、失ってきたものもたくさんあるでしょう。いろいろなものを手放して、音楽だけを追求してきた人たちにとって、その先の選択を迫られることは恐怖でもあります。なぜなら、その選択には音楽を手放すことも含まれるからです。私もそんな悩める若者の一人でした。そのとき私は、その先の人生を選択しなければならないという義務感がありました。しかし、考え方を変えてみれば、私たちは選択することができるのです、この先どんな人生にしていきたいのかを。

1 トッププレーヤー至上主義社会の呪いにかかった私たち

自分の人生の選択をするとき、音楽家の道に進むにせよ、そうではない道に進むにせよ、長い間音楽の世界にいたことで染み付いた考えが、しがらみとなって選択をためらわせることがあります。

例えば、①音楽家の偉大なる教授陣に教わったことで、自分もこうなりたい、自分もこうなれるかもしれないと思っていた、②専門的な勉強をしてきたのだから、卒業後も音楽家を目指し続けなければもったいないと思う、③意識が高い同級生たちのなかで、決して音楽家以外の将来を思い描いてはいけないようなプレッシャーを感じる、④応援して支援してもらってきた人たちの期待を裏切ってはならないと思う。

①②は内的な要因から、③④は外的な要因から生まれた固定観念の例です。

こうしたさまざまな固定観念に知らず知らずのうちに縛られていって、そしてそれはまるで呪いのようなしがらみとなって自分を苦しめてしまうのです。音楽家として成功者にならなければならないという、自らが自らを縛るこの呪いによって、自分がやってきたこともその環境や境遇さえも呪ってしまうこともあります。

自分の人生の選択をしていくうえで、囚われてしまってはいけない考えを私が挙げるとしたら、「理想だけが正しい形だと思わない」「成功者だけが正解だと思わない」「自分が劣っていると思わない」、そして「自分以外の何かになろうとしない」ことです。

2 例えば本当に音楽家になりたいのか

そもそも、音楽大学に入った人みんなが音楽家になりたいと本当に思っているのでしょうか。音楽がたまたま得意だったから入ったという人もいるでしょうし、音楽が単純に好きだったからという人もいるかもしれません。音楽大学を卒業したすべての人が音楽家にならなくてもいいはずです。なのに多くの人が音楽家を目指す環境のなかで、そうではないものを目指すことは邪道、正攻法の音楽家を目指すことだけがたった一つの答えだと思っている人も多いでしょう。しかしそうではなく、その人のなかにだけ答えがあるという基本に立ち戻る必要があるのではないでしょうか。純粋に音楽を学びたいという自分の本能に従った選択をしたときと同じように、自分の生き方を尊重することを恐れず、ほかの人とは違う、自分だけの答えを目指してもいいのではないでしょうか。先にも書きましたが、思い描いてきた将来への誇大妄想や、環境のなかで染み込んでしまった差別的な感覚に縛られて、選びたいはずの道を選べなくなってしまわないように、自分が何に幸せを感じて、どんなものに価値を感じているのかという素直な気持ちに従うことが、結局はいちばん大切なことです。

3 人生の選択

就職、結婚、出産、人生にはさまざまな選択があります。音楽を続けていくなかでは、それぞれの選択に自分の音楽人生が絡んできます。それらの選択のたびに、音楽をやめてしまって片方の道を選ぶしかないのだろうかと、ゼロか百の選択を自分に課してしまいがちです。しかしそうではなく、音楽を続けながらほかのやり方を考えることや、音楽を続けながらほかの道を選択することもできるはずです。選んだ専攻楽器で思うようにいかない、この楽器のままでは未来が思い描けないというときには、音楽のなかでの軌道修正を図る、つまり専攻を変えることを考えてみたり、もしくは音楽の仕事をしながら違う副業を得てみたり、もしくは音楽を副業にするなど選択肢はさまざまです。

一方で、仕事以外の人生の選択もあります。結婚や出産といった大きな転換点では、経済的にも、その後のキャリアについても悩むことでしょう。しかし考え方によっては、結婚することでチャンスを得ることだってできるかもしれないとは思いませんか？　結婚相手が経済的に安定した仕事に就いていることで、生活に追われず音楽に没頭することができるようになったなどという話はよく聞きます。もちろんそう都合がいい話ばかりではありませんが、出会いや絆によって、一人ではかなえられなかった夢を誰かと一緒ならばかなえられることだってあります。一人で成功をつかむ必要はありませんし、会社に所属することや家庭をもつこと、いろいろなやり方で自分の道をつかむこともできるのです。

4

音楽とともにどう生きるのか

昭和音楽界のスター像を追いかけてきた私たちは、いまの時代に合った音楽家やキャリアの築き方を、もう一度考え直す必要があるところにきているのではないでしょうか。バブル期までのようなパトロンもいない、学生や留学生のための奨学金も縮小しているなど、古きよき時代はとっくに変わってしまっています。また、これだけ多様化した社会のなか、キャリアプランも、そのテンプレートも、それ相応に存在していてもいいのではないでしょうか。もちろん一つのテンプレートとして、ヨーロッパで演奏家として活躍するなどの華々しいプロのキャリア像は健在ですが、それだけではなく、何が偉いとか何が成功だとか、何がすごいとかだけではなく、その人の個性に合ったキャリアの構築が求められるべきだと思います。そうしてできるかぎり、音楽を「やめてしまわなければならない」という消極的な決断をしなくてすむようになることが理想です。それと同時に、時代とともに音楽家・音楽愛好家人口の減少が予測されているなか、どのような形であれ、音楽に関わり続ける人が一人でも多いことがどれほど大切かということを、私たちは決して忘れてはなりません。成功者至上主義で成功しなかった者を排除し、音楽家自らの手で音楽家・音楽愛好家人口を減らしていくような価値観など言語道断です。音楽の道に進んだ人もそうでない道に進んだ人も、互いにリスペクトしあい、音楽という道を志した一人として自分なりのやり方で、音楽とどう一生付き合っていくのかを選択できる人生であってほしいと思います。

自分がいままでやってきたことの意味は？　それを問いただしたところで答えは出ないでしょう。でも音楽とともに歩んできた人生は、苦しくも言葉にできないほど幸福に満ちていたはずです。それはなにものにも代えがたい経験です。

悩むことも苦しむことも、これまでにそれだけ真剣に音楽と向き合って努力してきたからで、真面目にがんばってきたからこそです。悩んだ末にどんな選択をしたとしても、自分が選んだ道こそが自分が行くべき道なのだと、しがらみに惑わされることなく、これまで歩んできた道も、これから歩んでいく道も誇りをもってほしいと思います。

これまでとこれから

坂本光太

私はこれまで十年以上学生生活を続けながら、三つの音楽大学を転々としてきました。ここで自分の来歴について振り返ってみます。

1 大学に入るまで

音楽の世界に入るきっかけ

音楽との出合いは中学校の部活動でした。楽譜もろくに読めないほど音楽の経験がありませんでしたが、漠然とした憧れから吹奏楽部の門をたたきました。サックスかトランペットがやりたかったのですが、顧問の先生に言われて、不本意ながらチューバを担当することになりました。しかしすぐに吹奏楽とチューバの魅力に気づき、三年間どっぷり活動しました。中学二年生のときに興味本位で受けた山梨県内のソロコンテストの金管の部で入賞したことをきっかけに、「もしかして音楽で生活していけるのでは……?」と、音楽の道を志しました。

まずは大学受験

当時、吹奏楽部が県内で有名だった高校に進学し、入学と同時に東京芸術大学受験の準備を始めました。「受験準備を始めた」というのは、チューバ、ソルフェージュ、ピアノのレッスンに通い始めたということです。チューバのレッスンは隔週（忙しいときは一カ月に一回）、ピアノ、ソルフェージュは週に一回の頻度で通いました。先生たちはみな、私の実家から遠い街に住んでいましたが、幸いそれぞれの教室は高校からそう遠くなく、苦労なく通うことができました。

高校の部活を引退した高三の五月に、いよいよチューバの先生のレッスンを受けに東京へと通い始めました。現役の受験で合格こそしなかったものの、実技の一次試験を抜け（受験は実技で二次試験までありました）、手応えを感じました。「これは一年がんばれば入学できるかも」と浪人を決意。浪人期間に入ってからは、東京芸大のチューバの先生を紹介してもらって、隔週でレッスンに通いました。

一浪の末、念願の東京芸大に合格することができました。

2 大学入学から大学院進学まで

学部生一年から三年、つらかった

憧れの大学に入り、最初のころは「コンクールに入賞して、オーケストラで働きたい！」と息巻いていました。しかし現実は本当に厳しかった……。小さなコンクールでは惜しいところまではいったものの入賞には及ばず、大きなコンクールでは一次審査さえ通らず、なかなか思うようにはいきませんでした。オーケストラのオーディションはそもそも書類選考すら通らず、落胆したのを覚えています。これらで「才能がない」と宣告されたような気持ちがしました。周りをみると、同級生や後輩たちは、コンクールでコマを進めたり、プロのオーケストラに助演に行ったりと、順調にいっている様子でした（少なくとも私にはそう見えました）。彼らをうらやましく思いながら、強い挫折感と焦燥感が渦巻く日々を過ごしました。この時期の記憶は「つらかった」の一言です。全部がうまくいっていないような感じがしました。

学部四年から修士二年、少し自分の道が見えた

転機になったのは大学四年生のときに受けたドイツの国際コンクールでした。一次審査を突破したのです。そのあと二次であっけなく敗退しましたが、自分の演奏を認めてもらったような気がして、「ドイツなら何かあるかもしれない」とほのかに希望が見えました。そう思いたかっただけかもしれませんが、少なくとも近い将来の具体的な目標ができました。東京芸大の大学院に進学後、ドイツ語を勉強しながら留学に備え、修士二年の後期から大学院を休学してベルリンに留学しました。

3 留学

オーケストラ入団を目指して

留学先のハンス・アイスラー音楽大学（ベルリン音大）では、若手の先生について、オーケストラに入るためのレッスンを毎週受けました。音色、音楽の運び方、奏法、すべてを直すために毎日練習しました。

そうやって指導を受けて三カ月ほどして、ついにオーケストラ・アカデミーのオーディションを受けることを（その先生に）許可されました。オーケストラ・アカデミーとは、ある程度規模が大きなオーケストラがもつ教育機関で、オーディションを通過した学生は、一定期間（一、二年程度）奨学金を受け取りながらそのオーケストラで演奏経験を積むことができます。オーケストラの正規団員になるための前段階であるといってもいいでしょう。日本で受けることさえかなわなかったオーケストラのオーディションを、(アカデミーとはいえ)帰国するまでたくさん受けることができました。

いろんな授業を受けた

留学して最初の一年間は、楽器演奏だけでなく、なるべく多くの刺激を受けるために、ソルフェージュ(ドイツでいうGehörbildung)、メンタル・トレーニング、呼吸法、ヨガ、アレクサンダー・テクニークなど、さまざまな授業を履修しました。いずれの授業も三人から五人程度の小さなクラスで、先生との距離が近く、親密な空気に満ち満ちていて非常に学びやすかったです。

そのなかでも特に有意義だった授業は、ソルフェージュとメンタル・トレーニングです。私がベルリンで習ったソルフェージュは相対的な音程を重視していて、それまで日本で習得したような、絶対音感を前提としたソルフェージュよりもずっと自分に合っていると感じました。この授業で教わった方法でいまでも音取りをしています。メンタル・トレーニングでは、本番まで心のコンディションをどのように作っていくか、どうやって自信をもって人前で演奏できるのかを実践的に学びました。

ドイツでの生活

たびたびささやかな演奏の仕事をしていましたが、経済的には完全な自立には至りませんでした。学生ビザでも決められた時間内でバイトはできたので、演奏に関係ない仕事もやっておけばよかったと少し後悔しています。とはいえ、当時の学費は一学期（半年）三百ユーロ程度（ベルリン中乗り放題のチケット込み）であり、それに加えて学生寮の家賃が一カ月二百ユーロ程度と、非常に安く暮らすことができました。

手元に残った資金で、ベルリン・フィルハーモニー管弦楽団の演奏会や有名ピアニストのリサイタル、現代音楽のコンサート、アングラな即興演奏・実験音楽など、さまざまなジャンルのコンサートに足を運びました。だいたいの演奏会のチケットは（列に並べば）五ユーロから二十ユーロ程度で、おまけに交通費も全くかからないので、気兼ねなく通い詰めることができました。

今後の活動の方向性を探す

二十六歳を超えて、オーケストラ・アカデミーの年齢制限に引っかかり始め、オーケストラに入る夢にタイム・リミットが見え始めました。夢がついえるかもしれない瀬戸際で当然悩みましたが、オーケストラの夢はいったん脇において、以前からずっと気になっていた現代音楽に挑んでみたいと考えました。

それで挑戦したのが、ルツェルン・フェスティバル・アカデミーでした。これは、スイスのルツェルンという都市で毎年夏に一カ月間だけ集中的におこなわれる若手演奏家のための現代音楽講習会のようなもので、そのアカデミー生（出演者）はビデオ・オーディションによって世界中から選ばれます。日本でいうところの小澤征爾音楽塾やＰＭＦ（パシフィック・ミュージック・フェスティバル）の、現代音楽版といったところでしょうか。そこで二〇一六年夏にみっちりと現代音楽を学びました。「現代音楽の権威」ともいえるこのアカデミーによって自分がこの年のオーケストラ・メンバーに選ばれ、実力を認められたと感じた経験が、現代音楽をその後続けていくモチベーションにつながりました。また、ここでの友人とのつながりは、現在音楽活動をするうえでも生きています。同じ情熱をもつ同世代の仲間に出会えたのは、現在に至るまで非常に重要な意味をもっています。

ルツェルンのアカデミーから帰り、ベルリン音楽大学に戻ってみて心に浮かんだのは、「とりあえず現代音楽を日本でやってみよう！」ということでした。ベルリン音大入学から約二年半後の二〇一六年十二月に修了演奏会をおこない、帰国しました（決意を込めて、修了演奏会は現代音楽だけでプログラムを組みました）。

当初の留学の目的だったオーケストラへの入団はかないませんでしたが、帰国後の方向性をついに定めることができました。

4 帰国、留年、進学

日本の大学院に復学

日本の大学院のカリキュラムを半年残したままだったのでひとまず復学しましたが、あえなく留年してしまいました。出鼻をくじかれた思いでしたが、せっかくなのでいろいろな授業をとってみたり、大学のさまざまな先生たちに直接連絡をとってみました。その結果として、電子音楽や演劇、即興演奏、音楽学、実験音楽、現代詩、ダンス、現代美術、映像など、多様な専門の人たちとコネクションをもつことができ、視野と活動の範囲が大きく広がりました。

大学で勉強できることがまだまだあると感じたこと、また自分の周りに博士課程で学んだ人が増えてきたことから、博士課程に進学することを決意しました。いまや目指すは大学の先生のポストです。

博士課程は国立音大へ

自分の研究内容を受け入れてくれる教授がいること、そしていままでと同じチューバの先生にレッスンを受けることができることから、国立《くにたち》音楽大学大学院の博士課程に進学しました。

それまでは「どのようにしていい演奏をするか」ということばかり考えてきましたが、博士課程では「どのようにして自分のキャリアを築くか」に注力する必要も感じ始めました。大学の先生になるためには、演奏家であるだけでなく、研究者であり、また教育者である必要があります。この大学ではその三点をさまざまな先生にサポートしてもらいました。

まず演奏に関して。チューバのレッスンに加え、ホルンの教授にレッスンを受けることができたので、いままでふれることが少なかった古典派や初期ロマン派の音楽にホルンのレパートリーを通してふれることができました（チューバ奏者はこの時代の音楽にふれることは非常に少ないのです）。また、実技の先生方と金管楽器の教授法についてたくさん議論することができたのも貴重な経験でした。

研究に関しては、音楽学の先生の毎週九十分の個人授業（論文指導）を受け、学会発表前には集中的に指導してもらいました。

また、ドイツ語の先生に特別に気にかけてもらうことができたのは幸運でした。そのドイツ語の先生のもとでは、語学の個人的な指導をしてもらうだけでなく、奨学金や助成金の申請の仕方、アカデミック・ポストの募集の探し方、履歴書などの書類の書き方を教えてもらったり、さらには模擬面接までしてもらいました。

これらの指導のおかげで、いくつかの奨学金と助成金、さらには大学非常勤の職を得ることができました。

5 三十代のこれから

こうやって振り返ってみると、「コンクールやオーディションに勝つ！」といういわゆる「王道」のようなキャリアプランを、ある時期まで漫然と夢見ていたように感じます。しかし、留学、ルツェルン・フェスティバル・アカデミー、博士進学……それぞれの場所でのさまざまな人たちとの出会いのあと、この「音大的なステレオタイプ」あるいは「典型的エリート像」ともいうべきものがだんだんと自分のなかで解体されていきました。「諦め」と言うこともできるかもしれませんが、私はこれでずいぶん心が軽くなりました。

いま、十年を超える音大生活を経て、三十歳を迎えた自分に、重要なことが三点あると感じています。

まず一つは、意義がある演奏活動を続けていくことです。現在もっている音楽の／音楽外の問題意識を、知り合ってきたさまざまな人々と共働しながら世に問うていきたいと思っています。

二つ目は職に就くことです。現在は常勤の大学教員を目指して、まず博士の学位を取得しようとしています。しかしもちろん学位はポストを保証するものではなく、大学で職を見つけられないということも大いに考えられるので、それ以外の道も見据える必要があります。

三つ目は、前述の二つのことに関わるのですが、経済的な問題です。これまで奨学金や助成金にはとても助けられました。この制度はもっと早く知るべきでした。「どうせ自分なんか」「そんなに優秀じゃないし」「人の金で活動するなんて」などといままで考えていましたが、現在は最大限申し込むようにしています。資金援助があれば、活動する時間が増え、できることの幅がグッと広がるからです。残念ながら自分がやりたいような演奏会や研究活動はなかなかお金にならないので、生活のためにも別途経済活動をする必要があります。演奏・研究・教育活動と並立可能なアルバイトをしたり、プライベートのレッスン生をもったりしてなんとか生活をしていけたらと思います。

（本項は、二〇二〇年十月時点での著者の状況について書かれたものです。）

コラム

社会学者兼アマチュア音楽家からみる新型コロナウイルス以後の音楽の世界への展望

相澤真一

本書の執筆者のなかで最年長の私にとっても、二〇二〇年に起きた変化はいままでにないものでした。東日本大震災、原発事故と計画停電によって数々の演奏会がなくなった一一年も大きな衝撃でしたが、二〇年に起きたことは、それをはるかに上回る大きな出来事でした。私も、趣味のサクソフォンで出演する予定の演奏会がいくつもなくなりました。数年前から始めたコントラバスのレッスンは春以降、休みが数カ月に及びました。海外に行く用事もすべてキャンセルになり、海外で音楽にふれることは全くできなくなりました。国内の演奏会も三月以降にうかがう予定だった十数公演のチケットのほぼすべてがキャンセルになりました。お金を払って演奏したり演奏を聴きにいくアマチュア音楽家がこれほどの影響があるのですから、職業音楽家にどれほどの影響があるのか、察するに余りあります。

暗い未来の可能性は枚挙にいとまがありません。だからこそ、未来に向けて、音楽家に、相互に関連しあう三つの希望的予測を掲げます。私は、次の三つのことが音楽家のみなさんの周りに起こるのではないかと予測しています。

①限られた人としか会えないからこそ、近距離にいる音楽家が重要になる。
②自立した演奏家を育てることが、職業音楽家の仕事としていっそう重要になる。
③音楽を直接的に共有できることの価値が、これまで以上に高まる。

音楽の世界でもオンラインレッスンが当たり前の風景になってきました。私も大学の授業をオンライン配信でおこなっていますので、その様子は理解できますし、実際、私が音楽のオンラインレッスンを受ける側になったこともあります。しかし、輪湖里奈さんもコラム「オンラインレッスン」で書いているように、微細な聴覚の違いが重要な音楽の世界で、オンラインのレッスンでどうしても目をつぶらなければいけない（耳をふさがないといけない？）技術的な問題はいくつも存在します。やはり、音楽は空気をともにできる場所で直接習うことが大切だとあらためて強く感じています。

だからこそ、①で書いたように、限られた人としか会えない現状では、近距離にいる音楽家が重要になります。第9章「音大卒業生のその先」（輪湖里奈／坂本光太）で、坂本さんがチューバでホルンのレパートリーを習った経験について書いていますが、このように近くで習える別の楽器の先生の存在も今後は重要になるかもしれません。

また、今回インタビューした人の一人が、これからしばらくは小編成や室内楽曲の作品が見直されるのではないかとＳＮＳで書いていました。移動が制限されるからこそ、演奏者を集められる範囲で、いままでならば取り組まなかったような組み合わせの演奏形態の試みが、より進んでいくのではないでしょうか。

いま、住んでいるところで新しい仕事を得るチャンスも訪れるかもしれません。今回、インタビューをしたヨーロッパ在住の指揮者の一人は、移動が制限されて日本の仕事ができなくなった一方で、現地での演奏会で指揮する機会を得たことをSNSで報告していました。その逆のチャンスもまたしかりです。七月以降、演奏会を開催する機会は増えつつあるものの、海外の音楽家が来日できなくなったために、日本在住の若手音楽家にチャンスがめぐってくることを日々目にしています。限られた人としか会えないからこその動きです。

二〇二〇年は、小・中・高校生を対象にした演奏会やコンクールも軒並み中止になっています。特に、密な空間で呼吸のやりとりをする吹奏楽部と合唱部が受ける影響はとても大きなものだと感じています。しかしながら、これは見方を変えれば、吹奏楽部や合唱部に参加する児童・生徒たちが自立した演奏をできるような教育活動に転換する、いい機会だとも考えられます。私も吹奏楽部の経験が長いのでわかりますが、大人数のなかで何となくみんなと合わせて演奏している人は意外と多いものです。こういう児童・生徒一人ひとりが自立した演奏をできるように教えられることは、むしろこれまでよりも重要になってきました。したがって、オンラインとオフラインを駆使して、「自立した演奏家を育てることが職業音楽家の仕事としてもっと重要になる」と予測します。

以上の①②と関連して、これから、「音楽を直接的に共有できることの価値が、これまで以上に高まる」と予測します。二十一世紀の最初の二十年間は、音楽は「YouTube」や「iTunes」に代表されるようなオンライン化と、ロックフェスティバルの活況に示されるようなライブ空間の共有の両方が進行[1]してきました。前者の流れは、「Stay at home」のなかでさらに多重録音なども含めて発展してきた一方で、ライブを求める感覚も決して失われない、むしろ強まっていくと予測します。音楽を生で伝えられることの重要性は増していくでしょう。すでに、ソーシャルディスタンスをとったコンサートホールで、これまで座席の半分を埋められなかったオーケストラが満席完売（半分は埋まっている）の事態も出てきています。うまく企画していけば、サロンコンサートなどのチャンスもあるでしょう。オンラインやオーディオでは補えない生の音楽を共有できることを望む人たちは数多くいます。

ここまで、どちらかというと、オフラインの世界の可能性について述べてきました。しかし、オンラインの世界とオフラインの世界は二項対立ではなく、相互補完しながら音楽の世界も発展していくと思います。むしろ、相互補完としてとらえられる人が今後もっと活躍していける世界になっていくでしょう。

これまでの音楽の歴史のなかでも乗り物の発展や戦争が音楽家のキャリアをさまざまに変えてきたのと同じくらい、二〇二〇年の新型コロナウイルス感染症拡大は大きな変化をもたらすかもしれません。そのなかで、音楽の世界がいったん危機にさらされたことも感じている一方、ここからさらなる発展と進化を遂げていくことをアマチュア音楽家として心から願っています。

注

(1) 大内孝夫『「音大卒」の戦い方』(ヤマハミュージックメディア、二〇一六年、一四二―一四四ページ)で、音楽のオンライン配信事業で活躍する音大卒業生の事例を紹介しています。また、ロックフェスティバルをはじめとするライブ文化の隆盛については、永井純一『ロックフェスの社会学――個人化社会における祝祭をめぐって』(〔叢書現代社会のフロンティア〕、ミネルヴァ書房、二〇一六年)、宮入恭平『ライブカルチャーの教科書――音楽から読み解く現代社会』(青弓社、二〇一九年)で取り上げられています。

第10章

演奏家の健康について

坂本光太

メッセージ

練習を続けていても、思うように上達しなかったり、それどころか体が痛くなってしまう、心がふさぎがちになってしまうことはありませんか？　もしかしたら、自分の心身の状態を見直すことでよりいいパフォーマンスを引き出せるかもしれません。

はじめに
――健康な演奏生活を送るために

本章では、持続可能な演奏生活を送るためのさまざまな知識とアドバイスを示します[1]。

最初に、演奏家にありがちな身体の故障を紹介し、音楽家を取り巻くさまざまな健康上のリスクとその予防、もしなってしまった場合の対処を説明します。次に、音楽の領域で実践されているさまざまな「身体の使い方」の方法を紹介します。自分の身体についての理解を深めて意識的に練習することは、故障を予防することだけでなく、演奏の精度をさらに高めることにもつながるでしょう。

その次に、持続可能な演奏生活を送るための心身の健康に関するさまざまなアドバイスを提案します。

1 さまざまな故障のリスク

腱鞘炎とそのほかの手のさまざまな痛み

腱鞘《けんしょう》とは、紐のような組織である腱が指を動かすために通るトンネルのようなもので、指を曲げる運動によって腱と腱鞘のなかが擦れ合います。指を動かす練習をしすぎるとこの腱鞘の内部で炎症が起こりますが、これが腱鞘炎と呼ばれるものです。腱鞘炎は、指や手を繊細かつ急速に動かす必要があるピアニスト、木管楽器奏者、弦楽器奏者などに多く見られます。

腱鞘炎の症状は、演奏中に手のひらの指の付け根側か親指の根本が痛むことであり、これを放置すると指の関節の動きが悪くなる可能性があります。腱鞘炎を繰り返すと、腱が太くなったり、腱鞘が狭くなったりして、腱と腱鞘の摩擦が大きくなり、運動の流れが詰まる状態になることもあります。

また、腱鞘炎は演奏家が抱える手のトラブルのうちの一部にすぎないにもかかわらず、手の痛みを腱鞘炎由来のものと勘違いしてしまうことは少なくありません。ほかの手のトラブルには、以下のようなものが挙げられます。

・親指から薬指にかけて知覚障害（感覚が鈍くなること）、しびれ、痛みが生じる。
・指の第一関節が腫れて傷んだあとに関節が変形してしまう。
・親指とほかの指で握ったりつまんだりするときに親指の付け根の関節が痛む。

腱鞘炎を含むこれらの指の故障の主な原因は指のオーバーユース（使いすぎ）であり、回復後も以前と同じやり方で練習をすると、症状が再発する可能性は高いといえるでしょう。また、指を動かす筋肉の多くは肘の近くから始まっているため、楽器の練習によって指を酷使したときに、手だけでなく肘も傷める可能性が高いことも覚えておきましょう。

再発を防ぐには、無理のない身体の使い方をすることが重要です。また、適度に休憩を挟むことによって練習のしすぎを避けること、練習前に準備体操をして指をほぐすこと、また練習後に指のストレッチをおこなったりすることを心がけましょう。症状が出たら整形外科医、手外科専門医などの専門医を訪れることをお勧めします。

顎関節症

顎関節《がくかんせつ》は、下顎の付け根の関節です。この関節は頭の両サイド（耳の穴のすぐ前）の二カ所で下顎を支えますが、長時間の練習などによって顎周辺への負担が大きくなると、顎関節症を発症することがあります。

顎関節症の主な症状には、顎の動きによって顎関節に痛みが生じること、顎関節の動きに雑音が伴うこと、口を大きく開くことができなくなることの三つが挙げられます。

顎関節症が多く見られるのは、サクソフォン奏者や金管楽器奏者であるといわれています。特にトロンボーンやチューバなどの中低音金管楽器奏者は、低音を吹奏するときに顎関節を大きく開こうとする傾向があり、その際に口腔筋《こうくうきん》と呼ばれる顎周辺の筋肉を酷使してしまい、結果として顎関節症になってしまうことがたびたびあるといわれています。また、一般に音楽家は演奏上のプレッシャーを抱えることが多く、そのストレスから無意識的に歯を食いしばる習慣をもっていることも多いようです。これも口腔筋に負荷を与え、顎関節症の一因になるとされています（→「心身症」）。

顎関節症の症状を感じたら、まず練習量を減らし、十分に休息をとり、顎関節のマッサージをおこなうといいでしょう。また、食生活で硬いものを控え、顎を休めることが重要です。顎運動の可動域や方向を正しく知り、必要以上に顎を下げようとしないことを心がけましょう。痛みがひどい場合や長く続く場合は、歯科などの専門医を訪れることをお勧めします。

難聴

オーケストラや吹奏楽などで、演奏家の耳は日常的に許容範囲を超えるような大きな音にさらされており、これによる難聴の危険性が指摘されています。いうまでもなく音楽家にとって聴力は何よりも大事なものの一つであり、大音量の環境から耳を守ることは非常に重要です。

金管楽器や打楽器など、際立って大きな音量が出る楽器の前で演奏する場合は特に注意が必要です。また、例えばピッコロ奏者やトランペット奏者などは、狭い部屋で練習していると、自分が出す音で耳を傷めてしまう場合もあります。

耳を守るための方法として、オーケストラ用遮音壁の導入や、耳栓（イヤー・プラグ）の使用が挙げられます。市販の耳栓は音を十分に弱める効果が見込め、また個人でできる方法として手軽であることから、有用な対策といえます。補聴器の取り扱い店舗では、自分の耳の形に合わせた耳栓や、音域別に音を減らす耳栓などの製作を依頼できる場合もあります。必要に応じて相談してみましょう。

演奏会や練習で耳が長時間大音量にさらされたあと、極端に聞こえが悪く感じられたり、あるいは違和感がある場合、早めに耳鼻科などの専門医を受診するといいでしょう。

フォーカル・ジストニア

ジストニアとは、筋肉が本人の意思に反して動いてしまう神経の疾患です。身体を動かすためには脳からの指令が必要ですが、実際に動いたという身体の情報も脳へ送られます。この相互関係が脳に学習されることで無意識的に動作をおこなえるようになるのですが、ジストニアでは、過度な繰り返し動作と何らかの要因によってこの一連の流れのなかに異常をきたしてしまいます。

そのなかでもフォーカル・ジストニアは、身体の一部分にその症状が出ることを指します。音楽家にフォーカル・ジストニアの症状が出ると、演奏動作をするとき、その動作に必要な筋肉（指や腕、アンブシュア〔管楽器の演奏時の口の形とはたらき〕に関わる筋肉など）の収縮に加え、その筋肉の周りの筋肉や本来伸びるべき筋肉も収縮してしまい、コントロールすることが難しくなってしまいます。

具体的な症状には、ピアニスト、木管楽器奏者、弦楽器奏者の指が物を握るように曲がってしまう、あるいは反対に伸びてしまう、打楽器奏者の手首や肘が曲がってしまう、硬直してしまう、管楽器奏者のアンブシュアのコントロールが効かなくなる、歌手の声帯が硬直または痙攣《けいれん》することなどが挙げられます。ほかの職業にもフォーカル・ジストニアの例が見られますが、より精緻な動きを繰り返し求められる音楽家は、発症する可能性がいっそう高いといわれています（発症率は、プロの演奏家や音大生で百人に一人程度だといわれています）。

フォーカル・ジストニアの初期段階では、いままでできていたスキルに対して練習不足を疑うようなちょっとしたコントロール力の欠如を感じることが多いため、克服するために練習が必要と思い込んでしまい、さらに演奏練習を増やすなどして、症状をますます悪化させることもあります。完璧主義者がなりやすいともいわれています。

フォーカル・ジストニアの発症を促進する要因として、演奏または練習時間の突然の増加、奏法の極端な変更などが指摘されています。予防策として大切なことは、執拗な反復練習をしないこと、適度に休憩を取り入れること、克服が難しいときは練習戦略を変えること、よく音をイメージしてから練習することです。

この二、三十年ほどでフォーカル・ジストニアに関するさまざまなことが研究・解明されてきているものの、病態や原因について未解明な点は多く、確実な治療法は確立されていません。フォーカル・ジストニアは、演奏時にだけ症状が現れるという特徴もあって、「腱鞘炎」「疲労」「ノイローゼ」などと自分で誤認してしまう、あるいは周囲から誤解されてしまうことも多いようです。もし疑わしい兆候が現れたら、練習の深追いはせず、指導者に相談し、医療機関を受診しましょう。痛みがある場合は整形外科を、感覚に異常を感じた場合は神経内科を訪れるといいです。

大事なこと！（気をつけるべきポイントのまとめ）

- 音楽家にありがちな故障を正しく知ろう！
- 身体についての知識を深めて、故障を予防しよう！
- 適切に休憩をとろう！
- 習慣的な反復練習を減らそう！
- 「ちょっと変だな？」と違和感をもったら練習の仕方や身体の使い方を見直そう！
- それでも故障が起きてしまったら、落ち着いて早めに対処しよう！
- 指導者や医療機関に相談しよう！

先輩の経験：楽器が持てなくなった
（三十代、オーケストラ奏者、オーボエ）

高校二、三年のころ、楽器を持てなくなってしまったことがあります。オーボエは右の親指に楽器の重さがかかる構造になっているのですが、あるときから、楽器を持とうとすると右の親指に楽器が乗らなくなってしまいました。勝手に指が曲がったり反ったり、力が入らなかったり入りすぎたり……。いずれにしても楽器が支えられなくなってしまったのです。

音楽高校に通っていたので、楽器にはいやでも触れていなければなりませんでした（実際楽器に触るのは苦痛でした）。しょうがないので、地元の大学付属病院の形成外科で、右手の親指だけ固定するような専用のギプスを作ってもらい（幸いにもほかの指は自由に動きました）、レッスンや試験などはそれで乗り切りました。そのほか必要ないときは、ほとんど楽器には触りませんでした。

通っていた音楽高校はなかなか先進的で、アレクサンダー・テクニーク、フェルデンクライス、体操など、いわゆる「身体の使い方」の講座を開講していました。しかし、当時は指の不調に有効とは思いもよらなかったし、それらは全くリンクしませんでした。単に使い方が合っていなかっただけかもしれませんが。

いま考えてみると、心因的な原因が大きかったのかもしれません。楽器が支えられなくなった時期は、「自分はこの楽器で一番になることはないのだ」と強い挫折感を味わったころでした。

音楽大学の入試もギプスを付けて切り抜けました。進学して、住む場所も環境も人間関係も新しくなったら、いつの間にか楽器を持てるようになっていました。大学の最初の一年の間だったと思います。特別なことは本当に何もしていません。ずーっと放っておいたら治っていました。

回復してからは、高校生のころから憧れだったプレーヤーの先生の門下になるために留学し、いまでは幸運にもヨーロッパのオーケストラで働いています。若いうちにこのような症状を思ったことに、後悔はありません。むしろ、自分が音楽と向き合うきっかけになってくれたようにも思います。

2 いろいろな「身体の使い方」の紹介

前節で、演奏にまつわる故障は、オーバーユース（使いすぎ）や身体の運動の機能に関する誤った知識が原因で起こることが多いことがわかったかと思います。演奏に支障が出てしまうような症状が出たら指導者に相談したり専門医の診察を受けるのは当然ですが、音楽家がそれらの故障を予防することがなければ症状は繰り返されるばかりでしょう。

では、どのように故障を予防できるでしょうか。一つの答えは「身体の使い方」を学ぶということです。

専門的な演奏家を輩出することを目的の一つとする音楽大学は、これらの故障を予防し、よりいいパフォーマンスを学生から引き出すために、理学療法やアレクサンダー・テクニーク、ヨガ、ピラティス、フェルデンクライス・メソッド、4スタンス理論などといった「身体の使い方」の知識を学ぶカリキュラムを授業に取り入れたり、公開講座を開催するなどしています。これらのメソッドは医療やスポーツ分野、舞台芸術など多様な起源をもち、それぞれに独自の発展をしてきました。

ここでは、音楽家へ向けた文献が比較的多く、たびたび講演やワークショップをおこなっていて、誰でもアクセスしやすい「アレクサンダー・テクニーク」「ボディ・マッピング」「理学療法」の三つを簡単に紹介をします。

アレクサンダー・テクニーク

①アレクサンダー・テクニークとは

アレクサンダー・テクニークとは、身体全体の動きを改善し感受することによって、無意識に起こる無駄な力みや慢性的な痛み、違和感から解放され、より自由に身体を使うことができるようになるための身体の使い方のメソッドです。身体全体の使い方をよくすることで、声、腕、脚などの部分的なコントロールを自由にするという間接的なアプローチや、舞台上での緊張への対処までカバーする総括的な演奏家へのケアが、このメソッドの特徴として挙げられます。

このメソッドの基本的な考え方は次のようなものです。

人間は、意識や特別の努力なしに直立できるような優れたバランスを普段からもっていて、そのバランスのもと、流れるようにしなやかな身体の動きを保っています（これをアレクサンダー・テクニークでは「プライマリー・コントロール」と呼びます）。この身体全体の調和のためには、頭と首と胴体の関係（あるいは頭と脊髄の関係とも）を自由に動ける状態に保つことが重要です。しかし、習慣化された身体の使い方によって生じる緊張は、しなやかな身体の運動をじゃましてしまいます。無意識の身体の緊張を意識的に手放し、動きだそうとする前に、例えば「首が楽で、頭が動けて、体全体がそれについてくる」ような状態をイメージすることなどによって、プライマリー・コントロールを取り戻すことができます。このような方法で、身体に対する意識を変え、身体の使い方を改善することによって、慢性的な痛みや違和感から解放され、より自由に身体を使えるようになります。

アレクサンダー・テクニークはもともと、俳優だったフレデリック・マサイアス・アレクサンダーが、舞台上で声がかすれてしまうというスランプの経験をもとに発展したメソッドです（このエピソードはさまざまな書籍のなかで詳細に記述されています）。その起源のとおり、このメソッドは俳優、音楽家、ダンサーなど、舞台上のパフォーマーによって学ばれてきました。高等音楽教育機関でのアレクサンダー・テクニークの実践は五十年以上にも及び、現在ではイギリス、ドイツ、フランス、スイス、アメリカ、日本など世界中のさまざまな音楽大学で取り入れられています。

②演奏家がアレクサンダー・テクニークを学ぶために

日本アレクサンダー・テクニーク協会（JATS）のウェブサイトでは、アレクサンダー・テクニーク教師養成トレーニングを修了した指導者の一覧[2]を参照することができます。このページでは地域別に指導者を検索することができるので、住んでいる都市の近くで見つけることができるかもしれません。アレクサンダー・テクニークの指導者はウェブサイトをもっていることが多いので、それを通じて直接コンタクトがとれるでしょう。個人レッスン、グループ・ワーク、ワークショップなどさまざまな形態から選んで受講することができるでしょう。

アレクサンダー・テクニークに関する書籍も、今日では数多く見つけることができます。もちろん直接習いにいくのがいちばんですが、書籍からでも基本的な考え方を学ぶことがある程度可能でしょう。中・高の吹奏楽部員のためのものや（音大生にも十分通用する内容です）、ピアノ、声楽と専門別に特化したものなど、自分の専門に合ったものを選ぶことができます。ぜひ、後述のブックガイド（第4節）を見てみてください。

また、インターネット上の「YouTube」やSNS、メールマガジンでアレクサンダー・テクニークのアイデアやレッスンの様子を精力的にシェアする指導者もいます。ウェブ上の情報は玉石混交ですが、発信者を見極めたうえでチェックすれば、とても有意義な情報にアクセスできるでしょう。

ボディ・マッピング

①ボディ・マッピングとは

ボディ・マッピングは、「演奏家の動きの再教育」ともいわれるメソッドで、アレクサンダー・テクニークから派生し、運動学から大きな影響を受けました。

このメソッドの基本的な考えは以下のようなものです。

自分の身体とその動きのイメージ（これをボディ・マップと呼びます）を実際の身体の構造に沿って意識的に修正することによって、自然で滑らかな身体の動きが得られ、演奏の質が高まります。反対に、ボディ・マップと実際の身体の構造とに齟齬《そご》があれば動きが悪くなり、故障しやすくなってしまいます。ボディ・マッピングは、①「構造――身体とはどんなものであるか」、②「機能――何をするか」、③「サイズ――どれくらいの大きさか」という、三つの要素を重要視します。

このメソッドは、アレクサンダー・テクニークの指導者だったバーバラ・コナブルと、チェロとアレクサンダー・テクニークの指導者だったウィリアム・コナブルによって一九七〇年代に創始され、現在まで発展してきました。現在では、日本の音楽大学などでもボディ・マッピングの教師による授業や公開講座が開かれています。

②ボディ・マッピングを学ぶために

ボディ・マッピングは、大学での演奏実技レッスンが起源であり、本来的に演奏技術の向上を目的とした、演奏家のためのメソッドであるといえるでしょう。個人的にレッスンを受けたいならば、「音楽家ならだれでも知っておきたい「からだ」のこと」という、バーバラ・コナブルが創始した音楽家や音楽教師向けの六時間コースの講座などを受講することができます。ボディ・マッピングの指導者は、「アンドーヴァー・エデュケーターズ日本」[3]のウェブサイトで見つけることができます。同ウェブサイトには現在十人のボディ・マッピングの指導者が登録されていて、東京、京都、福岡、兵庫、埼玉、神奈川の各都市でレッスンをおこなっているのが確認できます（二〇二〇年十月現在）。ボディ・マッピングの指導者は、アレクサンダー・テクニークの指導者が兼任していることもたびたびあります。

ボディ・マッピングに関する書籍は、今日数多く見つけることができます。代表的なものに『音楽家ならだれでも知っておきたい「からだ」のこと』[4]『音楽家ならだれでも知っておきたい「呼吸」のこと』[5]が挙げられ、ほかには、「〇〇ならだれでも知っておきたい「からだ」のこと」と銘打ったシリーズ[6]も出版されています。これらの書籍は、フルートやオーボエ、トロンボーン、ヴァイオリン、ピアノ、声楽のプレーヤーがそれぞれの楽器でのボディ・マッピングの実践を書いた、非常に実用的な内容をもっています（詳しくはブックガイドを参照してください）。

理学療法

①理学療法士と演奏家

理学療法は、「理学療法士及び作業療法士法」に「身体に障害のある者に対し、主としてその基本的動作能力の回復を図るため、治療体操その他の運動を行なわせ、及び電気刺激、マッサージ、温熱その他の物理的手段を加えることをいう」と定義されており、理学療法士は、解剖学、生理学、運動学など多分野の専門知識を用いたリハビリテーションを通じ、さまざまな障害や身体の痛みをもつ人々の社会復帰を促してきました。

近年、理学療法が取り扱う範囲は、運動機能の低下が予想される高齢者の予防対策から、スポーツや音楽分野でのパフォーマンス向上など、高度に専門的な動きを必要とする人まで拡大されています。理学療法は、運動や動作の専門性によって演奏家をサポートするだけでなく、精神面、睡眠、食事などの観点からも総合的に健康な生活を支援します。

理学療法が医療の分野で発達した点、理学療法士が国家資格を要する点は、その高い信頼性を示しているといえるでしょう。現在、日本のいくつかの音楽大学では、理学療法士の資格をもつ教師が授業を受け持っています。

②演奏家が理学療法を取り入れるために

現在アクセスしやすい資料を二つ挙げることができます。

一つ目は「Band Journal」（音楽之友社）上で二〇一七年五月号から十二回にわたって連載された、中村純子氏による「東京藝大発！ 身体のしくみと演奏の関係――より豊かな音楽表現へのサポート」です。理学療法が音楽家にサポートできることの概要のほか、身体の構造、姿勢、呼吸、ウォーミングアップとクーリングダウン、セルフケア、演奏に役立つ体操、メンタルヘルスについてまとめています。掲載雑誌の特性上、中・高生の吹奏楽部員、とりわけ管楽器奏者に特化していますが、音楽家に一般的な情報も多く、さまざまな音楽の専門領域に応用することが可能です。

二つ目は、二〇一九年に出版された高野賢一郎氏による『理学療法で身体から変える　〇〇体操』シリーズです[7]。この書籍では、ヴァイオリン、ピアノ、木管楽器、金管楽器、声楽の五つの専門のために、理学療法に基づいた体操の方法を紹介しています。文字による説明は最小限に抑えていて、たくさんの体操を写真付きで詳細に提示しているので、音楽家がすぐに実行できます。

前述した二つのメソッドと比べて、理学療法と音楽演奏実践とを直接に結び付けた書籍はまだ少なく、今後の書籍の出版が待たれます。

先輩の経験：「身体の使い方」との出合い

（二十代、フリーランス、チューバ）

学部生時代はパッとせず、周囲の優秀な同級生や先輩、後輩と自分を比べて焦燥感を募らせるような毎日で、眠れない日もよくありました。不安を振り切ろうと、意地になって長時間の練習を毎日おこないましたが、顎関節症、腰痛、肩こりを抱えてしまうなど、かえって心身の不調を招くことになってしまいました。転機は、大学院時代に受けたアレクサンダー・テクニークのレッスンでした。それまではやみくもに、自分の身体の状態を顧みず練習してきましたが（実際、少し身体が痛いときのほうが、「がんばっている」という実感があったかもしれません）、「身体の状態のちょっとした改善」で自分の演奏が大きく変わるという経験をしました。そのとき、いままで自分が積み重ねてきた練習時間は無駄ではなかったんだと、とてもうれしい気持ちになったのをよく覚えています。

身体の使い方や心持ちの小さな方向の違いが長い時間のあとに全く違った結果を招く、ということに気がつきました。それ以来、メンタルトレーニング、理学療法、呼吸法、ヨガなどにも興味をもって、自分が教えるときにはそれらを取り入れてレッスンしています。

チューバは、ソフト・ケースなどを含めると、十キロから十五キロ程度の重さにもなり、日常的に運搬すると腰を痛めてしまいます。負担を軽減するために、週三回程度通う仕事先と、週三、四日を過ごす自宅のそれぞれにチューバを置いて、持ち運ばなくても演奏できるようにしています。楽器は安くありませんでしたが、腰痛がひどくなると演奏もおぼつかなくなるので、いまの状況には満足しています。まだ先の話ですが、引っ越しも検討しています。もう少し田舎《いなか》に住んで、車をもつ生活もいいかもしれません。

3 心身のケア

　ここでは健康的で持続可能な演奏生活を送るための、身体と心の面から実際的なアドバイスを提供します。練習、本番、そして普段の生活に取り入れてみてください。これを見てさらに興味をもった人は、ブックガイドで紹介している本を読んで、もっと詳しい内容まで掘り下げてみてください。

演奏しやすい自然な姿勢

①「いい姿勢」って何？

　普段演奏するとき、手やアンブシュアなど細部のコントロールに意識がいきがちですが、身体全体が演奏中の姿勢に大きく影響されていることを忘れてはなりません。「いい姿勢」といわれると、「胸を張り、背筋をまっすぐにして、顎を引く」などと見た目のイメージをしてしまう人も多いかもしれません。残念ながらこのように見た目で画一的に判断するような考えは、かえって身体をこわばらせて、演奏のパフォーマンスを低下させてしまうかもしれません。では「いい姿勢」とはどのようなものでしょうか。

②なぜ「いい姿勢」が大事なの？

演奏での「いい姿勢」は「演奏しやすい自然な姿勢」であり、身体全体がバランスを保ち、演奏に必要な筋肉の動きのほかに、無駄な力みがない状態です。

重力に対して身体はいつもバランスをとっています。つまり、身体は地球の引っ張る力に対して常に倒れないようなはたらきをしているのです。このとき、身体を支えているのは主として骨格です。もし骨格がうまくバランスをとれていないと、身体が倒れないようにするために筋肉が作用し、本来であれば必要ない筋肉の緊張が発生してしまいます。そのような状態では、思うように動けず、演奏しにくい状態に陥ってしまいます。長期間このような練習をおこなうと、身体の不調を引き起こす原因になってしまうかもしれません。

しかし、裏を返せば、骨格でバランスをとるという身体の仕組みに沿って、楽器や自分の重さをうまく地面に伝える（分散させる）ことで、演奏に必要な筋肉のはたらきを最大限使えるような状態が得られます。骨格で全体のバランスをとって、身体のストレスを最小限に抑えながら、演奏に必要な筋肉の動きを最大限使える状態を保つことによって、柔軟で自由な「いい姿勢」を獲得しましょう。

しかし一方で、「いい姿勢」というのは、一つの絶対的な身体のコンディションを指し示すような「動かない」「固定された」状態ではありません。というのは、骨格をつなぐ関節やそれを動かす筋肉は、倒れてしまわないように常に微調整をおこなっていて、身体の重心はいつも微細な「ゆらぎ」をもっているからです。当然、実際に演奏するなかで一時的に理想的な状態から離れることもありますが、すぐにバランスがとれた状態に戻れるような「弾力性」が重要になってきます。

ウォームアップ、ブレイク、クールダウン

スポーツ選手にとって、練習の前後にウォームアップやクールダウンをおこなうことや、間ごとに適度な休憩をとることは、常識だといっていいでしょう。演奏家もこれらを取り入れることによって、日々のコンディションを安定させ、パフォーマンスの向上を図ることができます。

①演奏を始める前に――ウォームアップ

ウォームアップの目的には、演奏に集中できるように精神を落ち着かせること、「いい姿勢」を引き出して身体を演奏モードにすること、故障を防ぐことの三つがあります。

②身体のウォームアップ（楽器なしで）

- まずは深呼吸

深呼吸には精神を落ち着かせるはたらきがあります。深呼吸をして取り入れる酸素は、筋肉を動かすのにも脳をはたらかせるのにも必要です。管楽器奏者は、呼吸の練習で肺の機能を刺激することに慣れているかもしれませんが、これはほかの演奏家にとっても重要なことです。

・「いい姿勢」を引き出す

「演奏しやすい自然な状態」を身体に思い出させながら、身体に対する感度を高めていきましょう。自分の身体の感覚に意識的になることによって、無理な身体の使い方からくる負担や違和感にいち早く気づけば、故障を予防することができるでしょう。

・ストレッチと体操

ストレッチや体操をゆっくりとおこなうことによって身体に刺激を入れ、血行をよくし、体温を上げます。全体の柔軟性や部分部分の可動域・可動方向を確かめながら、徐々に演奏モードに切り替えていきましょう。これらを「全体→部分」「中心→末端」の順におこなうことをお勧めします。このとき、勢いをつけてストレッチをおこなうと、筋肉が柔軟になるどころか、かえって緊張してしまいます。ゆっくり焦らずおこないましょう。

身体のウォームアップによってその日のコンディションが大きく向上します。十五分程度、じっくり時間をかけておこないましょう。

③演奏のウォームアップ（楽器で音を出して）

楽器によって演奏のウォームアップの仕方はさまざまですが、大事なことは、身体のウォームアップで養った自分自身の身体の感覚と楽器の機能とを、少しずつ、一つずつ、ゆっくりと確かめるようにして、一致させていくことです。身体的な負担の軽いものから重いものへと、段階的に移行していきましょう。

④演奏の途中で——ブレイク（休憩）

人は、日常的に長時間の強い緊張状態に耐えることができません。「もうだめだ！」と身体が悲鳴を上げ、故障しまってからでは、疲労の回復に長い時間が必要になってしまいます。そうならないようにするために、疲れてしまう前にブレイク（休憩）をとることが重要です。心身を一度リフレッシュすることによって、エネルギーや集中力が一日の最後まで、演奏の最後まで保てるようになります。

休憩を入れるタイミングは、自分で区切った時間のほかに、「もうすぐ疲れてきそうだな」と思ったときです。疲れそうになるのは身体かもしれませんし、心かもしれません。いずれにしてもそうなる前に休憩をとりましょう。負担がかかってきている部分を察知し、疲れへの「嗅覚」を養うことができれば、練習がもっと効率的になることでしょう。特に、難しいパッセージの反復練習は、大きな負担がかかります。意識的に休憩を入れて、故障を防ぎましょう。

休憩中の過ごし方には、いろいろな可能性が考えられます。まずは、負担がかかってきていると察知される部位を、実際に疲れが出る前にストレッチ、体操、マッサージなどでほぐしましょう。その後は、楽器なしで音楽的なアイデアを練るのもいいですし、飲み物を飲んだり食事をとったり、環境が許せばちょっと昼寝するのもいいでしょう。気分転換に友人と話し、カフェにいくのもいい。休憩は決して「怠け」ではありません！　必要なことです。使ったぶんだけ筋肉と頭を休憩させましょう。

（演奏中の「休憩」について）

休憩をとって心身を休めるという考えは、本番にも応用が利きます。例えば（極端な例ですが）、オペラなどでは一幕が二時間弱ある場合があります。この演奏時間中、絶え間なくトップの集中力を維持することは非常に困難です。もちろん、演奏者が本番中に「完全に」休むことはできませんが、「短い時間で」心身を休めて、落ち着くタイミングを作ることは可能です。自分が演奏していない部分や比較的演奏しやすいパッセージなどで、緊張しすぎた筋肉を緩めたり、ほかの人が奏でる音楽に耳を傾けたりして、心身をリフレッシュさせ、真に重要な場面に備えましょう。

⑤演奏が終わって――クールダウン

クールダウンの目的は、演奏後の緊張を緩和し、心身の疲労回復を促進させて、明日からのコンディションをよりよくすることです。

楽器によって演奏のクールダウンの仕方はウォームアップと同様にさまざまですが、大事なことは、自分自身の身体の感覚と楽器の機能とを確かめるようにして一致させていくことです。負担が大きなものを避け、軽負荷のエクササイズをおこなうことによって、緊張を解放させることを意識しましょう。

身体のクールダウンの方法ですが、一日のうちに固まってしまった筋肉をほぐすように、ゆっくり呼吸しながら、それに合わせてストレッチをおこないます。一日の疲れをほぐし、心身の演奏モードをオフにします。

演奏終了後三十分以内にクールダウンをおこなうことによって、さらなる疲労の回復が期待できます。

楽器の運搬について

演奏家は日常的に楽器を持ち運ぶことが多いですが、本番前の運搬にエネルギーを使いすぎてしまったり、腰痛や肩こりに見舞われてしまうことも少なくありません。リハーサルや大事な演奏会、オーディションのために入念に準備しても、会場にたどり着くまでに疲れて、いいパフォーマンスが出せないのは非常に残念です。そのため、いい演奏をするために、いいコンディションでケースを運ぶこと、適切な（軽い、持ちやすい）楽器ケースを用いることはとても重要です。

楽器を持ち運ぶときは、身体の軸から近いところに、ぶれないようにしっかり固定するのが基本です。歩くたびにパカパカと楽器が動いて重心がぶれてしまうようなケースの使用は避けましょう。リュックタイプの場合は紐を短めにして背中にぴったりフィットするように、また片方の肩に掛けるタイプのケースは、手や脇で身体の中心に引き寄せてキープするようにすれば、楽に運べます。コントラバスなどの大きな楽器や、たくさんの打楽器を運ばなければならないときは、車輪などをつけて運搬するといいでしょう。

運搬が大変な楽器は、なるべく持ち歩かないですむ環境を整えることも重要かもしれません。自宅で練習できるようにする、仕事先で楽器を借りるなど、さまざまな可能性を探してみましょう。また、住んでいる都市によって駐車場や維持費などの事情はさまざまですが、移動手段に車を使うことは楽器運搬による身体の疲労を大きく軽減します。

持続可能な練習習慣を身につける

楽譜の忠実な「再現」が重要なクラシック音楽では、演奏者の演奏技術が非常に重視されます。その意味で、技術の維持や向上を実現する日々の練習は、演奏活動の基本だといえるでしょう。しかし実際には、コンサートやそのためのリハーサルはもちろん、レッスンなど（そして場合によっては音楽と直接関係がない仕事も）をおこなうなかで、日々安定した練習時間を確保するのは簡単なことではありません。

さまざまな活動を同時に進める多忙な生活のなかで、安定した練習時間を確保し、それを持続可能にするためには、日常のさまざまな要素を考慮したうえで計画を立てることが必要です。

- 演奏活動（コンサート、リハーサルなど）
- そのほかの音楽活動（レッスン、楽器のメンテナンスなど）

・音楽以外の活動・仕事（アルバイトなど）
・健康的な生活習慣（よく寝る、食べる、休む、体調を整えるなど）

これらの要素のバランスを考えながら、日々の練習の時間的な枠組みを決めましょう。それさえ決めてしまえば、「今日はどれくらい練習できるか」「本番までどれくらい練習できるのか」がわかり、全体の道筋も立てやすくなります。また、自分の演奏の精度やメンタルの細やかな変化に気づき、調子を確かめることができるでしょう。これは、スランプや故障の予防につながりますし、練習時の集中力向上も見込めます。

また、日常的な練習は、忙しい生活のなかで、演奏家としてのアイデンティティーを確かなものにしてくれるという意味でも精神的な支えになるでしょう。

ここで気をつけたいポイントは、欲張りすぎず「ちょっと物足りない」でやめておくことです。「もう一時間練習できる」を我慢し、「まだ練習できるけど、あえてやらない」という選択肢を残しておくことによって、心身の回復まで計算に入れることができます。心と身体のリフレッシュを大事にすれば、演奏する喜びや練習するモチベーションを保つことができるでしょう。

このような生活を続けると、自分にできることの範疇が自然とわかってきます。しかし、「たったこれだけのことしかできない！」と悲観的になる必要はありません。日々練習を続ければ、できることは自然と増えてきます。焦らず、欲張りすぎず、無理がない範囲でコンスタントな練習を生活に組み込みましょう。

普段の生活のストレスと向き合う——ストレス・マネジメント

「ストレス」と聞くと、ほとんど反射的に「よくないもの」とイメージする人がほとんどはないでしょうか。しかし実際の生活にストレスが全くない状況はほとんどなく、またそれが理想的だということもできません。というのは、何かに向上心をもって挑戦するときは、心と身体に負荷がかかるものだからです。適度なストレスは、ときとして心地よく、望ましいものでさえありえます。その意味で、ストレスがあるのは自然であり、必ず避けるべきものとはかぎりません。しかしそれは「適度な」範囲に収まっているときの話です。ここでは「過度の」ストレスにどのように対処できるかを紹介していきます(8)。

①ストレスとは？

「ストレス」という言葉はもともと物理学の領域で用いられていたもので、物体の外側からかけられた圧力によって歪みが生じた状態をいいます。一般にストレスといわれているものは、以下の三つの現象に区別することができます。例えば、私たちの心身がボールだとすると、ボールの歪み自体が「ストレス反応」、ボールを押す指が「ストレッサー」、そしてボールが元に戻ろうとする力が「ストレス耐性」です。

• 心や身体に生じる歪み（ストレス反応）

・その原因となる刺激そのもの（ストレッサー）
・その歪みを戻そうとする心や身体の反応（ストレス耐性）

②ストレスへの対処

●まずはストレス反応に気づこう

ストレッサーが多すぎたり長く続いたりすると、心、身体、そして行動の三つの面でさまざまな不調（ストレス反応）が出てきます。

（メンタル面）
・気分が落ち込む、やる気が出ない
・不安・イライラが募る　など

（身体面）
・心身症（ストレスに関係していると考えられている疾患、顎関節症など）を発症する
・動悸がする、手や足に汗をかく
・食欲が出ない、逆に食欲が出すぎる　など

（行動面）

・消極的になる
・飲酒、喫煙が増える
・落ち着きがなくなる　など

同じストレッサーでも、人や状況によって現れるストレス反応はさまざまです。前述のような状態になってきたら、身体は衰え、集中力は落ち、練習や演奏の質も悪くなってしまうでしょう。ストレス反応に気づいたなら、今度はその背後にあるストレッサーについて考えてみます。

●ストレッサーのリストアップ、評価、解決

「困っていること」「負担に思っていること」（ストレッサー）をリストアップしてみましょう。音楽や演奏に関わること、その周辺的なこと、人間関係など、大きく枠組みを作ってから具体的にストレッサーを挙げていきます。

悩んでいることを全部整理して書き出してみると、いまの自分の状況があらためてわかるのではないでしょうか。しかし一度に全部に対処していくことはできません。そこで、問題解決の優先順位をつけてみます。それぞれの項目の「深刻度」（どれくらい負担に感じているか）と「問題解決の困難度」という二つの要素に、それぞれ「A」「B」「C」の評価をつけましょう（表1）。

さて、いよいよ解決を試みていきます。最初に取り組むべきものは、「深刻度」と「問題解決の困難度」の低いものです。具体的な解決策を複数考え、思いつくかぎりリストアップしていきま

表1●評価の基準

評価	「深刻度（負担に感じる度合い）」	「問題解決の困難度」
A	非常に負担に感じる。	問題の解決が非常に困難だ。
B	負担に感じる。	問題の解決が困難だ。
C	少し負担に感じる。	問題の解決が少し困難だ。

す。そのなかから実行可能な解決策をおこなっていきます。いったん問題を棚上げにするような消極的な解決や、ほかの人の助けを借りることが必要なときもあるかもしれません。

どんなに焦っていても、いきなり深刻度が高いものに取り組まないようにしましょう。深刻な問題は、小さな問題が積み重なった結果であることが多いものです。小さな問題を解決すれば、深刻な問題はなくなるか、小さくなっているかもしれません。問題解決が成功しても失敗しても、深刻度と問題解決の困難度が高いストレッサーに徐々に移行していきましょう。

③ストレスをためないために

ストレスを軽減する一般的な方法を紹介します。

（1）「三つのR」

- レスト Rest：休息、休養、睡眠

オンとオフを切り替えて、休憩や睡眠を十分にとりましょう。

- レクリエーション Recreation：運動、旅行、ガーデニングのような趣味や気晴らし

ストレスを発散させるような趣味の時間を定期的に保つようにしましょう。音楽から離れた趣味をもつといいでしょう。

• リラックスRelax：リラクゼーション

ストレッチ、瞑想、ヨガ、アロマセラピー、呼吸法など、さまざまな方法があります。自分に合うものを探して生活に取り入れてみてください。

（2）相談する

周りに助けやアドバイスを求めることは決して恥ずかしいことではありません。家族や友人、指導者に悩みを相談できる、ということを覚えていましょう。ホットラインやカウンセリング、精神科、心療内科などに頼ってみるのも一つの手です。

先輩の経験：「ストレス・マネジメントの実例」

ここで、ある演奏家の一例を挙げてみます。Aさんは、フリーのトランペット奏者で、演奏や指導の仕事をしながら、週に三日程度アルバイトを掛け持ちして生活しています。二十代の最後に、ちょうどいい区切りでもあるので、一念発起して自分のリサイタルを開催することにしました。しかし、演奏会を実行するにあたっては、練習以外にやることが非常に多くあります。例えば、フライヤーの制作、集客、リハーサルの日程と場所の決定、資金の管理……。およそ一人がおこなうことができる分量とは思えません。頭が爆発しそうです。そのうえ、最近、偶然再会した恩師に新しい教育プロジェクトに誘われてしまいました。

表2●ストレス反応

精神面	行動面	身体面
不安定だ。	衝動的にネット通販で買い物してしまう。	たまに動悸がする。
無気力だ。	朝ベッドから起き上がれないときがある。	無意識に食いしばってしまい顎を痛めた（顎関節症）。
無感動だ。	ボーッと動画サイトを何時間も見てしまう。	目が疲れる（眼精疲労）。
	バイトの遅刻が増えた。	寝付きが悪くなった。

これでは、いくら何でもタスクが多すぎてまともに練習する時間がありません。「みっともない演奏をしたら……」「そもそもお客さんが集まらなかったら……」などと悪い考えの循環に陥ってしまいました。プレッシャーに押しつぶされそうです。普段は活動的なAさんですが、以下のような変化がありました（表2）。

Aさんは、これらの症状がストレス反応と気づいて、そこでストレッサーを思いつくままに列挙し、それぞれの「深刻度」と「問題解決の困難度」を評価してみることにしました（表3）。

こうして一覧にしてみると、やることは確かに多くありますが、演奏会に関する事務的な仕事は「C」が多く、比較的簡単に対処できそうだとわかりました。「B」の評価がついているものも、人に頼んで（外注して）しまえばすんでしまうとも気がつきました。しかも、書き出したことで現状の全体像がつかめたような気がして、いったんは気が楽になったような気がします。

新しいプロジェクトに参加することは、演奏会を前にした現在では優先度が低いかもしれません。諦めるのも一つの手です。演奏に直接関係する事項は「A」が多いので、いったん後回しにします。アルバイトの日に朝起きられなかったことで遅刻して、信頼を失ってしまったかもしれません。しかし、「相手が何を考えているのかは結局わからないものだ」と思うようにしてそれ以上

表3●ストレッサーのリストアップと評価

ストレッサー		深刻度	解決の困難度
演奏会に関すること（事務的なこと）	フライヤーをデザインし印刷しないといけない。	B	B
	広報（集客）しないといけない。	B	B
	共演者を決定しないといけない。	B	B
	共演者とリハーサルの日程合わせをしないといけない。	B	C
	リハーサル場所を確保しないといけない。	C	C
	ホールを予約しないといけない。	C	C
演奏会に関すること（演奏のこと）	十分に練習できるかわからない。	A	A
	暗譜する時間がない。	A	A
人間関係	バイトで信頼を失ったかもしれない。	B	B
その他	新しいプロジェクトに誘われた。	C	C

表4　●ストレス対処（行動順）

ストレッサー	対処行動
ホールを予約しないといけない。	予約した。
リハーサル場所を確保しないといけない。	近所の公民館を予約した。
共演者とリハーサルの日程合わせをしないといけない。	先にリハーサル日程を決めて、共演者に声をかけるときに、その日程に参加できることを事前確認したら、その後煩雑な予定合わせをせずにすんだ。
共演者を決定しないといけない。	声をかけたら集まった。
新しいプロジェクトに誘われてしまった。	残念だが断った（丁重に事情を説明したら、恩師も納得したようだった）。
フライヤーをデザイン・印刷しないといけない。	デザイナーに外部委託した。
広報（集客）しないといけない。	専門家に手伝ってもらった。
バイトで信頼を失ったかもしれない。	信頼のことは考えても仕方ないので、バイトにきたときはしっかりと自分の仕事をしようと心がけた。
十分に練習できるかわからない、暗譜する時間がない。	思い切ってリサイタルの一部をいままでのレパートリーに差し替え、新曲を練習する時間を増やした。また、バイトの頻度を一時的に1回／2週間まで減らした。上記ストレッサーを片付けていくうちに心と時間に余裕が出てきた。

表5●工夫

工夫
大好きなマッサージやスーパー銭湯に行った。心身がリラックス・リフレッシュした。
ヨガと深呼吸をおこなった。眠りが深くなり、身体が楽になった。
友達と連絡をとり、ランチに行った。悩みごとを相談し、アドバイスをもらった。心が少し軽くなった。

は追求せず、アルバイトに行く日は仕事に精を出すようにしました。フライヤーのデザインや広報などの専門性が高い事項は専門家に任せてしまいました。

そうやって一つひとつ問題の解決を試みていくと、いつの間にか練習する時間も心の余裕も生まれました。それでも不足するぶんは、仕方がないので曲目を一部変更することで補いました（表4）。

また、そのほかのストレスを軽減するために、表5のような工夫をしました。やらなくてはいけないことの外部委託を増やし、アルバイトを減らしたので、資金的に一時苦しくなりましたが、結果として精神的にも肉体的にも活力を取り戻し、リサイタルに向けて納得がいく取り組みができました。もちろん、演奏・企画・運営・プライベートのすべてが百パーセントうまくいったわけではありませんが、Aさんは今回のリサイタルの過程と結果に満足しています。

先輩の経験：ハードな生活を乗り切る

（三十代、オーケストラ奏者、フルート）

音楽家としての私の生活は、非常にタフです。オーケストラは短い練習時間ですぐ本番、終わったかと思うとまた次のプログラムが待っています。しかも、その間に仲間と組んでいるアンサンブルやレッスンが入ってきます。

多忙な生活のなかで、いままで身体を故障したりと手痛い経験をしてきたので、現在は健康に非常に気をつけて生活しています。

楽器を持つ前には、必ず準備体操とストレッチをします。スッと心地よく自然に立てる感覚がするまで続けます。この感覚をつかむまでの時間は日によってまちまちですが、三十分続けることもあります。いずれにしても、これが終わるまでは楽器は吹きません。また、職場に向かうバスのなかで十分間の呼吸の練習をおこなっています。

フルートは身体をひねって演奏するので、身体への負担が多いです。なのでオーケストラで演奏せず待っている間は、軽く身体を伸ばしたり（もちろん見てわからないようにです）、手や腰に負担がかからない姿勢を心がけています。演奏が終わったら、クーリングダウンをして、疲れを残さないようにします。ジムと水泳に週三日通っています。身体は心地よく疲れ、心はリフレッシュします。

入団当初は「よそ者」の感覚で、心も体も力んで疲弊していましたが、いまはすっかりなじんでリラックスできるようになりました。現在はオーケストラのハードなリハーサルを何時間やっても大きくは疲れませんし、ほかの活動をする余力もあります。

先輩の経験：練習時と本番前の心のケア

（二十代、留学準備中、チューバ、都内の音大を卒業後一年目、現在は留学準備のために資金をためている）

普段いちばん気をつけていることは、自分を追い込みすぎないということです。

私は放っておくと何時間でも集中して練習してしまうタイプなのですが、ある時点でキッパリと練習を切り上げるようにしています。「もっと練習したい」という欲が出ると止まらなくなり、同時に「ここもできていない！　あそこもできていない！」という焦りが出てきます。無理をしてさらに突っ張って練習すると、身体的にも心理的にも限界に達してしまいます。以前は倒れそうになることもしばしばでした。

自分の体調の変化にはかなりうといのですが、自分の音楽に対する感性を健康状態の計測器として使っています。私は音楽を聴いて、その音から色や匂いのようなものを感じ取るのですが、自分の楽器の音を聞いたときにそれらを何も感じられなくなってきたら「疲れてるのかも」と思って注意しています。

そうなってしまったら、次の日はあえて何もせず、本を読んだり、ペットと遊んだりしてゆっくりと過ごします。よく寝て、よく食べ、休んで体調を整えることに専念することを心がけています。

本番の前には、心と身体の力を抜くことを徹底します。一日前からストレッチや操り人形をイメージしながらの脱力体操などを、特に入念におこなっています。これを頭を空っぽにしておこなうとスッキリします。本番中は自分の演奏に分析的になり、あら探しをするようになるとだいたい失敗します。だから、目の前の音楽に集中し、色や匂いを楽しむようにしています。

あと、おにぎりやチョコなどを演奏の直前にとるとエネルギーが湧いてくる感じがするので、いつも欠かさず食べるようにしています。不安が大きいときは、決まったことを実行すると心が落ち着きます。

4 ブックガイド（参考資料）

【1】音楽家の身体の故障に関する文献

イアン・ウィンスパー／クリストファー・B・ウィン・ペリー編著『音楽家の手――臨床ガイド』酒井直隆／根本孝一監訳、協同医書出版社、二〇〇六年

小仲邦／望月秀樹「音楽大学生における音楽家のジストニアの実態調査」、日本神経学会編「臨床神経学」第五十五巻第四号、日本神経学会、二〇一五年、二六三―二六五ページ

中野研也「演奏家のジストニアの実践的対処法に関する考察――演奏者の視点から」、仁愛大学編「仁愛大学研究紀要人間生活学部篇」第七号、仁愛大学、二〇一五年、一一七―一二五ページ

古谷晋一『ピアニストの脳を科学する――超絶技巧のメカニズム』春秋社、二〇一二年

根本孝一／酒井直隆編著『音楽家と医師のための音楽家医学入門』協同医書出版社、二〇一三年

エステル・サルダ・リコ、山田成監修『図解 音楽家のための身体コンディショニング――ベスト

な状態で演奏に臨むために』八重樫克彦／八重樫由貴子訳、音楽之友社、二〇〇六年
ジャウメ・ロセー・イ・リョベー／シルビア・ファブレガス・イ・モラス編、平孝臣／堀内正浩監修『どうして弾けなくなるの？――〈音楽家のジストニア〉の正しい知識のために』ジストニア友の会訳、音楽之友社、二〇一二年
日本神経学会監修、「ジストニア診療ガイドライン」作成委員会編『ジストニア診療ガイドライン2018』南江堂、二〇一八年

【2】アレクサンダー・テクニークに関する文献

ペドロ・デ・アルカンタラ『音楽家のためのアレクサンダー・テクニーク入門』小野ひとみ監訳、今田匡彦訳、春秋社、二〇〇九年
石井ゆりこ『演奏者のためのはじめてのアレクサンダー・テクニーク――からだを使うのが楽になる』ヤマハミュージックメディア、二〇一四年
伊東佳美『ピアニストのためのカラダの使い方バイブル――アレクサンダー・テクニークを取り入れながら』学研プラス、二〇一八年
バジル・クリッツァー『バジル先生の音楽演奏と指導のためのマンガとイラストでよくわかるアレクサンダー・テクニーク――実践編』学研プラス、二〇一七年
バジル・クリッツァー『吹奏楽部員のためのココロとカラダの相談室 今すぐできるよくわかるア

レクサンダー・テクニーク――バジル先生の楽器演奏編』学研パブリッシング、二〇一三年
バジル・クリッツァー『吹奏楽部員のためのココロとカラダの相談室 今すぐできるよくわかるアレクサンダー・テクニーク――バジル先生のメンタルガイド編』学研パブリッシング、二〇一三年
マイケル・ゲルブ『ボディ・ラーニング――わかりやすいアレクサンダー・テクニーク入門』片桐ユズル／小山千栄訳、誠信書房、一九九九年
バーバラ・コナブル／ウィリアム・コナブル『アレクサンダー・テクニークの学び方――体の地図づくり』片桐ユズル／小山千栄訳、誠信書房、一九九七年
森朝『ピアニストのためのアレクサンダー・テクニーク』ヤマハミュージックエンタテインメントホールディングス出版部、二〇一九年

【3】ボディ・マッピングに関する文献

デイヴィッド・ヴァイニング『トロンボーン奏者ならだれでも知っておきたい「からだ」のこと』小野ひとみ監訳、菅裕訳、春秋社、二〇一二年
スティーヴン・カプラン『オーボエモーション――オーボエ奏者ならだれでも知っておきたい「からだ」のこと』小野ひとみ／稲田祥宏監訳、森本頼子訳、春秋社、二〇一一年
バーバラ・コナブル、ベンジャミン・コナブル絵『音楽家ならだれでも知っておきたい「からだ」

のこと──アレクサンダー・テクニークとボディ・マッピング』片桐ユズル／小野ひとみ訳、誠信書房、二〇〇〇年

バーバラ・コナブル、ティム・フェルプス絵『音楽家ならだれでも知っておきたい「呼吸」のこと──豊かに響き合う歌声のために』小野ひとみ訳、誠信書房、二〇〇四年

ジェニファー・ジョンソン『ヴァイオリニストならだれでも知っておきたい「からだ」のこと──楽器と身体の一体感をめざして』小野ひとみ／高橋由美監訳、木村玲子訳、春秋社、二〇一一年

ナガイカヤノ『演奏者のためのはじめてのボディ・マッピング──演奏もカラダも生まれ変わる』ヤマハミュージックエンタテインメントホールディングス出版部、二〇一七年

リー・ピアソン『フルート奏者ならだれでも知っておきたい「からだ」のこと──演奏家のためのボディ・マッピング』棚橋和子監訳、天野奈緒美訳、誠信書房、二〇一〇年

メリッサ・マルデ／メリージーン・アレン／クルト＝アレクサンダー・ツェラー『歌手ならだれでも知っておきたい「からだ」のこと』小野ひとみ監訳、若松惠子／森薫訳、春秋社、二〇一〇年

トーマス・マーク／ロバータ・ゲイリー／トム・マイルズ『ピアニストならだれでも知っておきたい「からだ」のこと』小野ひとみ監訳、古屋晋一訳、春秋社、二〇〇六年

【4】理学療法に関する文献

高野賢一郎『理学療法で身体から変える金管楽器体操』ヤマハミュージックエンタテインメントホールディングス出版部、二〇一九年

増田直子監修、高野賢一郎『理学療法で身体から変えるバイオリン体操』ヤマハミュージックエンタテインメントホールディングス出版部、二〇一九年

小倉貴久子監修、高野賢一郎『理学療法で身体から変えるピアノ体操』ヤマハミュージックエンタテインメントホールディングス出版部、二〇一九年

AKIRA監修、高野賢一郎『理学療法で身体から変える合唱・ボーカル体操』ヤマハミュージックエンタテインメントホールディングス出版部、二〇一九年

高野賢一郎『理学療法で身体から変える木管楽器体操』ヤマハミュージックエンタテインメントホールディングス出版部、二〇一九年

中村純子「東京藝大発！　身体のしくみと演奏の関係――より豊かな音楽表現へのサポート」『Band Journal』音楽之友社、二〇一七―一八年

「第1回　自分の身体を知ろう！」二〇一七年五月号

「第2回　よい姿勢を取るためのレシピ！」二〇一七年六月号

「第3回　よい姿勢を取るためのレシピ　パートⅡ」二〇一七年七月号

「第4回 呼吸の話 パートⅠ」二〇一七年八月号
「第5回 呼吸の話 パートⅡ」二〇一七年九月号
「第6回 演奏におけるウォーミングアップとクーリングダウン（Ⅰ）」二〇一七年十月号
「第7回 演奏におけるウォーミングアップとクーリングダウン（Ⅱ）」二〇一七年十一月号
「第8回 セルフケアについて（Ⅰ）」二〇一七年十二月号
「第9回 セルフケアについて（Ⅱ）」二〇一八年一月号
「第10回 演奏に役立つ体操」二〇一八年二月号
「第11回 メンタルヘルス」二〇一八年三月号
「第12回（最終回）一年を振り返り」二〇一八年四月号

・そのほかの「身体の使い方」に関する文献

高垣智『パワーアップ吹奏楽！ からだの使い方』ヤマハミュージックエンタテインメントホールディングス出版部、二〇一九年

林美希『よくわかるピアニストからだ理論──解剖学的アプローチで理想の音を手に入れる』ヤマハミュージックメディア、二〇一二年

【5】メンタルに関する文献

ドン・グリーン『本番に強くなる！──演奏者の必勝メンタルトレーニング』辻秀一監訳、岩木貴

子訳、ヤマハミュージックメディア、二〇一六年
小杉正太郎／齋藤亮三『ストレスマネジメントマニュアル』弘文堂、二〇〇六年
小松裕『いつも「本番に強い人」の心と体の習慣――トップアスリートに学ぶ「負けない自分」の作り方』日本文芸社、二〇一二年
辻秀一『演奏者勝利学――演奏者のためのメンタル・トレーニング』ヤマハミュージックメディア、二〇〇九年
ブルース・ネルソン編纂『金管奏法のカリスマ アーノルド・ジェイコブスはかく語りき――金管奏法ガイド：語録』小関馨子訳、杉原書店、二〇一〇年

【6】その他

ジェラルド・クリックスタイン『成功する音楽家の新習慣――練習・本番・身体の戦略的ガイド』古屋晋一監修（第Ⅲ部）、藤村奈緒美訳、ヤマハミュージックエンタテインメントホールディングスミュージックメディア部、二〇一八年

【7】ウェブサイト情報

厚生労働省「こころの耳――働く人のメンタルヘルス・ポータルサイト」(http://kokoro.mhlw.go.jp/.)

［二〇二〇年十月十九日アクセス］
「JATS日本アレクサンダー・テクニーク協会」ウェブサイト（https://www.alextech.net/）［二〇二〇年十月十九日アクセス］

注

（1）本章は以下を大幅に改稿したものである。坂本光太「音楽家の身体の故障と『身体の使い方』メソッド——音楽を学ぶ学生のためのガイド」、「京都女子大学教職支援センター研究紀要」第二号、京都女子大学教職支援センター、二〇二〇年、六三—七三ページ
（2）「教師」「JATS日本アレクサンダー・テクニーク協会」ウェブサイト（https://www.alextech.net/teacher/）［二〇二〇年十月十九日アクセス］
（3）「一般社団法人アンドーヴァー・エデュケーターズ日本 Andover Educators Japan」ウェブサイト（http://www.bodymap-jp.org/）［二〇二〇年十月十九日アクセス］
（4）バーバラ・コナブル、ベンジャミン・コナブル絵『音楽家ならだれでも知っておきたい「からだ」のこと——アレクサンダー・テクニークとボディ・マッピング』片桐ユズル／小野ひとみ訳、誠信書房、二〇〇〇年
（5）バーバラ・コナブル、ティム・フェルプス絵『音楽家ならだれでも知っておきたい「呼吸」のこと——豊かに響き合う歌声のために』小野ひとみ訳、誠信書房、二〇〇四年
（6）トーマス・マーク／ロバータ・ゲイリー／トム・マイルズ『ピアニストならだれでも知っておきたい「からだ」のこと』小野ひとみ監訳、古屋晋一訳、春秋社、二〇〇六年、メリッサ・マルデ／メリージーン・アレン／クルト＝アレクサンダー・ツェラー『歌手ならだれでも知っておきたい「からだ」のこと』小野ひとみ監

訳、若松恵子／森薫訳、春秋社、二〇一〇年、ジェニファー・ジョンソン『ヴァイオリニストならだれでも知っておきたい「からだ」のこと――楽器と身体の一体感をめざして』小野ひとみ／高橋由美監訳、木村玲子訳、春秋社、二〇一一年、スティーヴン・カプラン『オーボエモーション――オーボエ奏者ならだれでも知っておきたい「からだ」のこと』小野ひとみ／稲田祥宏監訳、森本頼子訳、春秋社、二〇一一年、デイヴィッド・ヴァイニング『トロンボーン奏者ならだれでも知っておきたい「からだ」のこと』小野ひとみ監訳、菅裕訳、春秋社、二〇一二年

（7）小倉貴久子監修、高野賢一郎『理学療法で身体から変えるピアノ体操』ヤマハミュージックエンタテインメントホールディングス出版部、二〇一九年、増田直子監修、高野賢一郎『理学療法で身体から変えるバイオリン体操』ヤマハミュージックエンタテインメントホールディングス出版部、二〇一九年、高野賢一郎『理学療法で身体から変える木管楽器体操』ヤマハミュージックエンタテインメントホールディングス出版部、二〇一九年、高野賢一郎『理学療法で身体から変える金管楽器体操』ヤマハミュージックエンタテインメントホールディングス出版部、二〇一九年、ＡＫＩＲＡ監修、高野賢一郎『理学療法で身体から変える合唱・ボーカル体操』ヤマハミュージックエンタテインメントホールディングス出版部、二〇一九年

（8）参考：小杉正太郎・齋藤亮三『ストレスマネジメントマニュアル』弘文堂、二〇〇六年、厚生労働省「e-ラーニングで学ぶ「15分でわかるラインによるケア」」「こころの耳――働く人のメンタルヘルス・ポータルサイト」二〇〇六年（http://kokoro.mhlw.go.jp/.）［二〇二〇年十月十九日アクセス］

［謝辞］「フォーカル・ジストニア」を書くにあたって、東京芸術大学大学院博士課程の嵐田紀子さんに多くの助言をいただきました。また、「先輩の経験」を書くにあたって、友人たちにインタビューをしました。この場を借りてみなさんにお礼を申し上げます。

用語集

〔学校制度〕

●**大学：**本書で「大学」とは高等教育機関全般を指すことにする。高等教育機関は、専門的な職業教育だけでなく、教養の普及と学術研究（これが最も重要）がその役割として挙げられる。国によって教育制度が異なり、高等教育機関＝大学（university）ではない場合もあるが、本書では、便宜的にいずれも「大学」とする。

●**ディプロマ：**本来は「学位」「資格免許状」の意味である。ただし、音楽教育の文脈では、大学卒業を意味する学士号とは異なる専門職学位や大学で学んだ資格の意味として「ディプロマコース」「ディプロマ」を用いることがある。その専門職学位や資格の通用度は国によって異なる。

●**バチェラー（学部）：**大学の学部の課程とその学位。バチュラーと表記することもある。

●**マスター（修士課程）：**学部卒業後の専門課程とその学位。

●**プラッツ：**ドイツ語のもとの意味は「広場」「場所」「席」。転じて、大学などの定員の空席の意味で用いられる。合格点に達していてもプラッツに空きがなければ入学できないことはしばしばある。

●**フォアシュピール：**フォアは「前に」、シュピールは「演奏する」という意味で（Vorspiel）、受験の前に希望する指導教員の前で演奏することを意味する。なお、音楽用語としては、「前奏曲」

として用いられている。声楽の場合はシュピールではなく「前に歌う」の意味で、「フォアズィンゲン」（Vorsingen）ともいう。

〔**オーケストラ**〕

●**コンサートマスター：**オーケストラの第一ヴァイオリン奏者。オーケストラ全体をまとめる役目も果たす。女性の場合はコンサートミストレスということもある。

●**トゥッティ：**イタリア語で「全部」が原義。転じて、オーケストラの、特に弦楽器で、首席奏者・次席奏者以外のポジションを指す際に用いられる。

●**プルト：**ドイツ語で原義は「譜面台」の意味。転じて、オーケストラの、特に弦楽器奏者で、同じ一台の譜面台を共有して演奏する二人一組の単位を指すことがある。

●**エキストラ（トラ）：**団員として所属するのではなく、臨時やそのつどの契約で演奏や録音に参加すること。

●**アカデミー：**原義は、古代ギリシャの哲学者プラトンが弟子を集めて講義した場所に由来する語。転じて、音楽の分野では、若手演奏家育成のために各地でおこなわれる事業やそのオーケストラなどをおこなう組織を指す。オーケストラや劇場に付属している場合もある。イギリスのRoyal Academy of Musicのように大学や音楽院を含むこともあるものの、本書では、主として若手演奏家育成事業の文脈で用いられている。

●プラクティカント：原義は見習い。音楽の世界では、劇場や楽団の研修生の意味で用いられる。

●オーケストラスタディ（オケスタ）：オーケストラのオーディションで用いられるレパートリーで、ソロ楽曲と、オーケストラ楽曲の抜粋のうちの後者。レパートリー集のことを指す場合もある。それぞれの楽器にとって重要な部分の抜粋が入団試験で要求される。吹奏楽団のオーディションで用いられるレパートリー、レパートリー集はブラススタディ（ブラスタ）といわれる。英語では、orchestral excerpts、audition repertoire、ドイツ語では、Orchesterstellen、Probespielstellenなどと表記される。

本用語集の参考文献

Diana Lea, Jeniffer Bradbery, Richard Poole and Helen Warren eds., *Oxford Learner's Thesaurus: A Dictionary of Synonyms* (*app edition*), Oxford University Press, 2020.
在間進編『アクセス独和辞典 第3版』三修社、二〇一〇年
日本教育社会学会編『教育社会学事典』丸善出版、二〇一八年
音楽之友社編『新音楽辞典 楽語』音楽之友社、一九七七年
平塚益徳監修『世界教育事典』ぎょうせい、一九七二年
小学館ランダムハウス英和大辞典第2版編集委員会編『ランダムハウス英和大辞典 第2版』小学館、一九九四年
『日本大百科事典 第9巻』小学館、一九八八年

［著者略歴］

相澤真一（あいざわ・しんいち）

1979年、長崎県生まれ
上智大学総合人間科学部教授
専攻は教育社会学、社会調査、比較歴史社会学
共著に『総中流の始まり』『子どもと貧困の戦後史』（ともに青弓社）、『〈高卒当然社会〉の戦後史』（新曜社）、『これからの教育社会学』（有斐閣）など

髙橋かおり（たかはし・かおり）

1986年、群馬県生まれ
立教大学社会情報教育研究センター特定課題研究員、東京都歴史文化財団アーツカウンシル東京芸術文化調査員
専攻は芸術社会学、質的調査
共著に『グローバル現代社会論』（文眞堂）、論文に「社会と関わる芸術にとっての地域」（「新社会学研究」第3号）など

坂本光太（さかもと・こうた）

1990年、山梨県生まれ
チューバ奏者、京都女子大学発達教育学部助教
専攻はチューバ
東京藝術大学（学士、修士課程）、ハンス・アイスラー音楽大学ベルリン（修士課程）、国立音楽大学（博士後期課程）で学ぶ。博士（音楽）。近年の演奏活動に、ソロリサイタル「Gewalt / Geräusch / Globokar」（2020年）、「ごろつく息」（2021／2022年、演出家和田ながら氏との共同制作）、論文に「ヴィンコ・グロボカール《エシャンジュ》（1973/1985）演奏の考察」（「音楽研究」第32号）、「ウィリアム・クラフト《エンカウンターズⅡ》の作曲手法」（「関西楽理研究」第40号）など

輪湖里奈（わこ・りな）

1989年、東京都生まれ
演奏家、声楽指導者
専攻は声楽
東京藝術大学、同大学院音楽研究科修士課程独唱専攻でドイツ・リートの研究を経て、ベルリンに留学してベルリン・コーミッシェ・オーパー専属歌手のもとでオペラ歌唱を学ぶ。オペラや、コンサートソリストとして活躍。日本女子大学附属豊明小学校講師を経て、児童音楽教育、受験生指導にも力を注ぐ。現在はデンマークに在住。https://www.rina-w-music.com

音楽《おんがく》で生《い》きる方法《ほうほう》
高校生からの音大受験、留学、仕事と将来

発行 ―――― 2020年11月27日　第1刷
2024年10月 4 日　第3刷

定価 ―――― 2000円＋税

著者 ―――― 相澤真一／髙橋かおり／坂本光太／輪湖里奈

発行者 ――― 矢野未知生

発行所 ――― 株式会社青弓社

〒162-0801 東京都新宿区山吹町337
電話 03-3268-0381(代)
https://www.seikyusha.co.jp

印刷所 ――― 三松堂

製本所 ――― 三松堂

ISBN978-4-7872-7435-9　C0073